Carola Moosbach

Bereitet die Wege

Poetische Kommentare zu Bachs geistlichen Kantaten

Carola Moosbach

Bereitet die Wege

Poetische Kommentare zu Bachs geistlichen Kantaten

VS

EDITION 9143

ISBN 978-3-89912-166-7

Einbandgestaltung: Petra Jerčič (www.petra-jercic.de)
Satz: Strube Verlag
Druck und Weiterverarbeitung: AZ Druck und Datentechnik, Kempten
Printed in Germany
Oktober 2012

www.strube.de
info@strube.de

Für Dr. Birgit Cremer
mit den guten Nerven

Für Chris Nink
ein Stück des Weges

in Dankbarkeit

Inhaltsverzeichnis

Vorwort

Die geistliche Musik Johann Sebastian Bachs ist schon seit vielen Jahren ein wichtiger Teil meines Lebens. Als Zwölfjährige hatte ich das Glück, an einer Aufführung der Matthäus-Passion mitwirken zu dürfen. Dem Unterstufenchor des musischen Gymnasiums, das ich damals besuchte, war nämlich die Ausführung der Choralmelodie *O Lamm Gottes unschuldig* anvertraut, die so überaus kunstvoll und ergreifend in den Eingangschor der Matthäus-Passion eingewoben ist. Auch wenn ich damals weder vom Text noch von der Musik sonderlich viel begriffen habe – das Erlebnis dieses großartigen Werkes hat sich mir unauslöschlich in die Seele geprägt. Schon bald kam das Weihnachts-Oratorium hinzu; zu meinen ersten Schallplatten überhaupt gehörte die Kassette (wie man damals sagte) der Aufnahme mit Karl Richter. In späteren Jahren wurden dann andere Komponisten und Musikrichtungen ebenfalls wichtig, den Bezug zu Bach habe ich aber nie mehr verloren.

Die geistliche Musik Bachs begeistert mich – aber was ist mit den Texten? Seltsam fremd und sperrig, zuweilen tief bewegend, ermutigend und tröstend, dann wieder allzu drastisch, manchmal sogar unfreiwillig komisch, sprechen diese Dichtungen zu mir von einer Zeit, in der nicht nur anders gelebt, sondern auch anders geglaubt, gelitten, gehofft und gestorben wurde als heute. Da ist von der *Sünden-Wassersucht* die Rede, die der Sünder in sich einsäuft (BWV 114), da *bläst eine schale Luft den stolzen Leib auf einmal in die Gruft* (BWV 94), da bleibt der Geist *an dem Fleische kleben* (BWV 9). Das barocke Schwelgen im Sinnlichen und der überbordende Bilderreichtum dieser Sprache, die uns mit ihren *Sodomsäpfeln* (BWV 54), einem *Schlangentreter* (BWV 154) und *heißen Andachtsflammen* (BWV 63) aus weiter Ferne kommend entgegen tritt, macht den Zugang nicht eben leichter. Lange Zeit galten die Libretti der Bach-Kantaten denn auch geradezu als Rezeptionshindernis. So schreibt Albert Schweitzer, Theologe immerhin, in seiner 1908 erstmals erschienenen Bach-Biographie kurz und bündig: „Bach mühte sich mit unmöglichen Texten ab.“[1] Für das Tenor-Rezitativ der Kantate *Es ist nichts Gesundes an meinem Leibe* (BWV 25) empfahl Schweitzer sogar die ersatzlose Streichung, da der Text „alle Begriffe der Geschmacklosigkeit“[2] übersteige. Bereits 1824 hatte auch der Komponist Carl Friedrich Zelter in einem Brief an Goethe die „infamen Kirchentexte“ eines Picander kritisiert, an denen Bach „sich abarbeiten“[3] musste. Aber auch bis in unsere Zeit hinein haben die Kantaten-Texte keinen guten Ruf. Der Bach-Verehrer und Schriftsteller Maarten ’t Hart sieht sie gar von „bösartigem, ja verbissenen Groll durchzogen“, ständig sei in ihnen von „Vergeltung, Rache und Ausrottung“[4] die Rede. Auch wenn diese Kritik mir allzu einseitig und polemisch erscheint, so lässt sich doch nicht leugnen, dass viele Kantaten von einem autoritär gezeichneten Gottesbild und einem tief pessimistischen Menschenbild geprägt sind. Dass wir Menschen verletzbare, nach Trost und Hoffnung suchende und nicht zuletzt sterbliche Wesen sind, war in der Zeit des Barock eine selbstverständliche Wahrheit und Tatsache. Eine Wahrheit und Tatsache, die für uns

1 Schweitzer, Albert, Johann Sebastian Bach, Breitkopf & Härtel, Wiesbaden u.a. 1908, S. 583

2 Schweitzer, Albert, a.a.O., S. 597

3 Mandelkow, Karl Robert (Herausgeber), Briefe an Goethe Band 2, Hamburger Ausgabe, Verlag C.H. Beck, München 1982, S. 383

4 Hart, Maarten ’t, Bach und ich, Arche Verlag, Zürich-Hamburg 2000, S. 83

heutige Menschen über weite Lebensstrecken hinweg leicht zu verdrängen ist. Dass wir als Menschen darüber hinaus auch verführbare, unvollkommene und immer wieder scheiternde Wesen sind, auch diese Erkenntnis wird in den Kantaten mit großer Eindringlichkeit angesprochen. Diese Eindringlichkeit, dieser Ernst befremdet. Nicht zuletzt wegen eines aus lutherischer Orthodoxie und pietistischer Frömmigkeit gespeisten religiösen Vokabulars, das wir so nicht mehr sprechen können und wollen. Es sind aber nicht nur die Worte, es sind auch die Inhalte, die uns heute Probleme bereiten. Die in vielen Kantaten anzutreffende Mischung aus radikaler Weltverachtung und frageloser Erlösungsgewissheit, aus tief gebückter Zerknirschung und himmlischer Freude, die ins Übergroße gesteigerte Furcht vor einem zornigen, strafenden Gott – alles das will in unsere Welt und auch in unseren Glauben nicht mehr hineinpassen.

In Bachs Kantaten spricht eine Zeit sich aus, die noch von den Nachbeben des Dreißigjährigen Krieges tief erschüttert war, eine Zeit, in der man den immer wiederkehrenden Seuchen ebenso hilflos gegenüberstand wie der hohen Kindersterblichkeit. Die Vergänglichkeit des Lebens, die den Menschen damals immer gegenwärtig war, relativierte auch den Wert und die Bedeutung dieses irdischen Lebens, das letztlich nur als kurzes Vorspiel zur Ewigkeit erschien. Aber die sinnliche Sprache des Barock ist auch dann noch weit von uns entfernt, wenn es einmal nicht um Sünde und Tod, um Reue und Strafe geht, sondern um die tiefe Liebe zu Gott oder Jesus. Manche der in der mystischen Tradition der geistlichen Minne wurzelnden Dichtungen vermögen mit ihrer poetischen Schönheit und erotischen Glut zwar auch heute noch zu beeindrucken. Die Fremdheit der sich in *tausend Zuckerküssen* (BWV 87) ausdrückenden *brünstigen Liebe* (BWV 1) wird dadurch aber nicht aufgehoben. Besonders die aus dem Hohelied Salomons abgeleitete so genannte Brautmystik so mancher Kantate lässt den Abstand von Jahrhunderten spürbar werden.

Was aber folgt daraus? Für so manchen offenbar, dass die geistliche Musik Bachs zwar gespielt und gehört wird, die als problematisch empfundenen Texte aber weitgehend ausgeblendet bleiben. Im Rahmen der historischen Aufführungspraxis wird zwar über den Einsatz von Original-Instrumenten oder die richtige Größe des Chores engagiert und bis ins Detail diskutiert, die geistlichen Inhalte der Kantaten finden bisher aber vergleichsweise wenig Beachtung. Und in der Tat: Bachs Musik ist derart reich und wunderbar, ist von solch überwältigender Schönheit und Komplexität, dass man problemlos ein ganzes Menschenleben damit verbringen könnte, sie zu hören, zu spielen und zu ergründen. Andererseits: Wie soll ein tieferer Zugang zu den Kantaten möglich sein ohne die Bereitschaft, sich – bei aller Distanz – auf die Texte wirklich einzulassen? Diese Musik ist ja nach ihrem eigenen Selbstverständnis vor allem in Tonsprache und Klangrede gebrachter Gottesdienst, ein klingendes, Geist und Sinne unmittelbar ansprechendes Gebet. Lob und Klage, Angst und Schmerz, Hoffnung und Dank – dies alles wird in tief empfundener, unendlich kunstvoller Weise durch die Kantaten ausgedrückt und vor Gott gebracht. Wird diese religiöse Dimension ausgeblendet, geht man nach meiner Überzeugung am Wesentlichen vorbei und wird dadurch letzten Endes weder der Musik noch dem Text gerecht. Bachs Kantaten sind untrennbar mit ihren religiösen Inhalten verbunden, sie sind – von wenigen Ausnahmen abgesehen – ausdrücklich für einen bestimmten Sonn- oder Feiertag komponiert worden, sie umrahmten häufig die Predigt und wurden als unverzichtbarer und selbstverständlicher Teil der Liturgie gehört. Die geistliche Musik war nach damaligem protestantischen Verständnis selbst eine Form der Predigt, sie war Dienerin und Deuterin des Textes, auch wenn gerade Bachs Vertonungen immer noch weit mehr sind als das. Wie ernst Bach selbst diese Aufgabe der Textausdeutung genommen hat, wie genau und sprechend er die jeweilige Dichtung in Musik gebracht hat, kann man an vielen Kantaten verfolgen. So lässt er zum Beispiel im neunten Satz der Kantate *Wachet! betet! betet! wachet!*, BWV 70, eine Trompete die Melodie eines damals allgemein bekannten Kirchenliedes intonieren und legt so den Wortlaut des gesungenen Rezitativs selbst noch einmal durch den Text der eingearbeiteten Choralmelodie aus. Bach war theologisch hoch gebildet und interessiert, dies lässt sich auch aus der umfangreichen Bibliothek ersehen, die sich in seinem Besitz befand[5] und mit der er sich gründlich beschäftigt hat – zahlreiche Notizen und Anmerkungen von seiner Hand belegen das.

Und warum nicht einfach neue Texte auf die alte Musik schreiben? Vor gut 100 Jahren fand man diese Idee gar nicht so abwegig. Nach Albert Schweitzer sollte im Hinblick auf die Kantaten-Texte die „Berechtigung gewisser Umdichtungen nicht bestritten werden", ja, „gewisse Stücke verlangen" eine solche Korrektur nach seiner Auffassung sogar „gebieterisch"[6]. Maarten 't Hart berichtet in seinem Bach-Buch denn auch von dem Versuch einer solchen Umdichtung durch einen Zeitgenossen Schweitzers, den Leipziger Gymnasiallehrer Rudolf Wustmann.[7] Wenn mir auch das Ergebnis dieser Bemühungen nicht bekannt ist, so wird man aus heutiger Sicht schon aus Respekt vor dem Werk Bachs grundsätzliche Bedenken gegen eine solche Vorgehensweise anmelden müssen. Bachs Kantaten sind untrennbar mit der ihr zugehörigen barocken Sprache verbunden. Gerade die Dynamik und Dramatik dieser Sprache, ihr Bilderreichtum und ihre Sinnlichkeit waren es, die Bach zu seiner großartigen Musik inspiriert haben. Es wäre anachronistisch und grob verfälschend, würde man diese Einheit von Text und Musik aufbrechen zugunsten einer wie auch immer beschaffenen modernisierten Textfassung.

Von welchem Autor die Libretti im Einzelnen stammen, ist leider von fast zwei Dritteln der uns überlieferten Kantaten noch immer nicht bekannt.[8] Man kann aber Bachs Vorliebe gerade für die sinnlich-barocke Sprache unter anderem auch daran erkennen, dass er sie der vergleichsweise sachlichen Lyrik der Aufklärung vorzog. Es hätte Alternativen gegeben. So hat Bach beispielsweise in neun Kantaten Texte der Schriftstellerin Christiane Marianne von Ziegler vertont, die eine Schülerin des in Leipzig wirkenden Aufklärers Johann Christoph Gottsched war. Gerade hier griff er aber – so wird vermutet – umfangreich in die Dichtung ein und ging auch schon bald zu anderen Verfassern über.

Sein Amt als Thomaskantor in Leipzig forderte von Bach, für nahezu jeden Sonn- und Feiertag des Kirchenjahres eine Kantate bereitzustellen und im Gottesdienst aufzuführen. Auf diese Weise entstanden vor allem in den ersten Amtsjahren zahlreiche Werke, für die natürlich erst einmal ein Text gefunden oder auch neu geschrieben

---

5 Haselböck, Lucia, Bach Textlexikon. Ein Wörterbuch der religiösen Sprachbilder im Vokalwerk von Johann Sebastian Bach, Bärenreiter Verlag, Kassel u.a. 2004, S. 24

6 Schweitzer, Albert, a.a.O., S. 408, Fußnote 17

7 Hart, Maarten 't, a.a.O., S. 82

8 Haselböck, Lucia, a.a.O., S. 9

werden musste. Dieser Text bestand meistens aus einer Kombination von Bibelvers, Kirchenliedstrophe und freier Dichtung, ausgehend von der Evangelium-Lesung des Tages. Der Zeit- und Arbeitsdruck für die allwöchentliche Bereitstellung einer neuen Kantate muss für alle Beteiligten enorm gewesen sein. Diese schwierigen Bedingungen führten unter anderem dazu, dass im Wege des so genannten Parodieverfahrens neue, geistliche Dichtungen auf bereits früher von Bach komponierte weltliche Kantaten geschrieben wurden. Besonders häufig und gerne vertonte Bach die Kantaten-Texte des Leipziger Postkommissars Christian Friedrich Henrici. Dieser unter dem Pseudonym Picander bekannte Autor verfasste eine Vielzahl von Auftragsgedichten zu den unterschiedlichsten Anlässen, wie etwa Hochzeiten, Geburtstagen und Jubiläen. Gerade dieser Gelegenheitsdichter (von Zeitgenossen abschätzig als bloßer „Gratulant" bezeichnet) war offenbar besonders gut dazu in der Lage, das Notwendige termingerecht zu liefern und die Texte gegebenenfalls den aktuellen Erfordernissen anzupassen.

Nachdem lange Zeit die so entstandenen Dichtungen allgemein kritisch betrachtet wurden, lässt sich in den letzten Jahren eine gewisse Tendenz zur Rehabilitierung der Kantaten-Texte beobachten. Im Hinblick auf Picander vertritt Lucia Haselböck in ihrem 2004 erschienenen Bach Textlexikon die Auffassung, dieser sei bisher „allzu abwertend von der Kunstkritik beurteilt"[9] worden. Auch der theologisch-musikwissenschaftliche Kommentar von Martin Petzoldt nimmt die Libretti spürbar ernst und weist umfassend und detailliert nach, dass fast jede Zeile dieser Texte einen biblischen Hintergrund und substantiellen theologischen Gehalt hat.[10] Dass dabei gerade die biblischen Psalmen viele Kantaten in besonderer Weise grundieren, stellt das Buch von Jochen Arnold über die poetisch-musikalischen Aspekte der Kantaten ausführlich und facettenreich da.[11] Dieser Arbeit verdanke ich auch ein tieferes Verständnis des dialogischen, vielschichtigen Charakters vieler Kantaten, in denen Textelemente aus ganz unterschiedlichen Zeiten und Zusammenhängen miteinander in Beziehung gesetzt werden. In den Kantaten wird häufig ein Psalmvers (Eingangschor) kombiniert mit freier Barockdichtung (Arien und Rezitative) und einem Kirchenlied aus der Reformationszeit (Schlusschoral). Bachs Vertonung stellt gewissermaßen das vierte Element da, durch das diese drei so unterschiedlichen Teilstücke erst zu einem einheitlichen Werk verschmelzen. Die hierdurch ermöglichte Vergegenwärtigung „jüdischer, reformatorischer und protestantisch-barocker Gottes- und Welterfahrung"[12] kann auch heute noch tiefe Einblicke eröffnen, aber der Abstand bleibt. Dieses Buch ist der Versuch, den Kantaten eine zusätzliche Stimme aus unserem Jahrhundert an die Seite zu stellen und so mit ihnen noch einmal neu ins Gespräch zu kommen.

Obwohl ich in den letzten fünf Jahren fast täglich eine Bach-Kantate gehört habe, sind sie mir bisher nicht langweilig geworden. Je mehr ich in den barocken Klangkosmos Bachs eintauche, desto mehr bin ich fasziniert von dem schier endlos scheinenden Einfallsreichtum des Komponisten. Zu Beginn meiner Unternehmung ging es mir

---

9 Haselböck, Lucia, a.a.O., S. 29

10 Petzoldt, Martin, Bach-Kommentar. Theologisch-musikwissenschaftliche Kommentierung der geistlichen Vokalwerke Johann Sebastian Bachs, Bärenreiter Verlag, Kassel u. a. 2004 (Bd. I), 2007 (Bd. II)

11 Arnold, Jochen, Von Gott poetisch-musikalisch reden. Gottes verborgenes und offenbares Handeln in Bachs Kantaten (Habilitationsschrift), Vandenhoeck&Ruprecht, Göttingen 2009

12 Arnold, Jochen, a.a.O., S. 427

einfach nur darum, die fast 200 Kantaten endlich einmal besser kennen zu lernen. Nach Möglichkeit dem Kirchenjahr folgend, habe ich mir daher Woche für Woche eine andere Kantate vorgenommen und mich mit ihrer Musik, ihrem Text beschäftigt. Je mehr ich vor allem mit den Texten ins Gespräch kam, sie drehte und wendete, sie befragte und auf Vertrautes abklopfte, je mehr ich ihnen widersprach oder auch zustimmte, je hartnäckiger ich nach ihren Ein- und Ausgängen suchte, desto ergreifender wurde für mich auch das Erlebnis ihrer Vertonung. Irgendwann entstand daraus das Bedürfnis, eine Antwort auf das zu finden und zu geben, was ich in diesen Werken höre. Die Kantaten in wissenschaftlichen Kategorien zu beschreiben und zu analysieren, dazu fehlen mir Kenntnis und sprachliche Mittel. So sehr ich mich auch für die Analyse von Bachs musikalischer Rhetorik und kontrapunktischem Stil interessiere und mich lesend und hörend um sie bemühe: Ich bin keine Musikwissenschaftlerin. Ich bin auch keine Theologin, wenngleich ich es höchst aufschlussreich und spannend finde, den biblischen und theologischen Wurzeln der Libretti bis in ihre Verästelungen hinein nachzugehen.

Wenn ich aber keine Musikwissenschaftlerin bin und auch keine Theologin, was berechtigt mich dazu, die Kantaten – in welcher Weise auch immer – zu kommentieren? Womöglich nichts. Vielleicht aber dies: Ich bin eine Dichterin mit einer Vorliebe für religiöse Lyrik, die durch Bachs Kantaten über Jahre hinweg angesprochen, herausgefordert und schließlich zu Eigenem inspiriert wurde. Dieses Eigene kann in meinem Fall nur ein Gedicht sein, das ich als *poetischen Kommentar* den Kantaten an die Seite stelle. Wie jeder andere Kommentar will mein Gedicht dabei sowohl das Vorgefundene erläutern und auslegen, als auch eine persönliche Reflexion und Stellungnahme einbringen. Es geht mir dabei nicht darum, die Texte der Kantaten zu ersetzen oder umzuschreiben. Meine Absicht ist vielmehr, einen Widerhall zu Bachs Kantaten zu formulieren, eine zusätzliche Stimme, die mal harmonisch mitschwingt, mal als Variation, mal als freie Phantasie daherkommt, mal aber auch als deutlich vernehmbarer Kontrapunkt zur Gegenstimme wird. Diese antwortende Stimme wird vielleicht und hoffentlich den Text der ein oder anderen Kantate erhellen, sie will manche in ihm verborgene Tiefe ausloten, aber auch den Abstand vermessen, der uns von diesen Werken trennt. Zwar wird diese zusätzliche Stimme eine lyrische und nicht eine musikalische sein, dennoch will sie beides reflektieren, Text und Musik – womöglich der kühnste, am meisten meinen Wagemut fordernde Aspekt des gesamten Unternehmens. Immerhin: Auch Wörter klingen und tönen, auch der Poesie ist Rhythmus und Melodie eigen, auch Sprache kann tänzerisch, hymnisch oder ganz einfach bewegt sein.

Es erwies sich, dass der Wochenrhythmus des Hörens auch für das Schreiben gut und sinnvoll war. Jede Woche begann mit dem Auswählen einer bestimmten Kantate. Ich legte ein Arbeitsblatt an, in das ich alles eintrug, was mir an Informationen aus den einschlägigen Handbüchern und Kommentaren zugänglich war. War ich am Montag oft noch ratlos, was ich mit der jeweiligen Kantate „anfangen“ sollte, änderte sich das im Laufe der Woche, in der ich mir das Stück immer wieder anhörte. In gewisser Weise sprachen auch die tagesaktuellen Ereignisse in diesen Aneignungsprozess hinein. Was ich in dieser einen Woche erlebte, dachte und erfuhr, wollte in Beziehung gebracht werden zu dem, was die Kantate mir sagte. Dieser Zusammenhang und Einfluss ist den Gedichten vermutlich mal mehr, mal weniger anzumerken. Für manche Kantaten drängte sich ein solcher Bezug allerdings geradezu auf. So war ich beispielsweise in der Woche, in der die Atomkatastrophe von Fukushima sich ereignete, gerade mit der Kantate *Es erhub sich ein Streit*, BWV 19, beschäftigt. Aus dem *höllischen Drachen*, den der Erzengel Michael in dieser Kantate bekämpft, wurde so für mich fast zwangsläufig das von uns selbst geschaffene, nicht mehr beherrschbare Ungeheuer der Atomenergie.

Aus nahe liegenden Gründen habe ich mich in meiner Arbeit auf die geistlichen Kanntaten beschränkt, die Huldigungs-, Glückwunsch- und sonstigen weltlichen Kantaten also beiseite gelassen. Die mit der Zeit immer stärker werdende Lust am Klang hat mich bei einigen Kantaten zu einem Gedicht in Reimform geführt. Dies gilt insbesondere für die Choralkantaten *per omnes versus*, bei denen ein Kirchenlied im Text unverändert durch alle Strophen hindurch beibehalten wird.

Zu Bachs Leipziger Zeit durfte weder im Advent noch in der Passionszeit mehrstimmige Kirchenmusik aufgeführt werden – nur für den ersten Advent und Karfreitag galt eine Ausnahme. Kantaten für diese als Bußzeiten geltenden Wochen sind daher leider nur dünn gesät. Sie stammen zumeist aus Bachs früherer Weimarer Tätigkeit. Auf der anderen Seite hat die damalige Praxis, Weihnachten, Ostern und Pfingsten mit je drei Feiertagen zu begehen, uns einen umso reicheren Fundus an hierfür komponierten Kantaten beschert. Darüber hinaus gibt es eine Vielzahl von Werken für heute in den Hintergrund getretene Feiertage wie die Marienfeste oder auch den Johannis- und Michaelistag. Auch diese Kantaten finden hier ein poetisches Echo, ebenso jene, die mit unbekannter Bestimmung oder für jede Zeit Verwendung fanden. Auch die drei Oratorien Bachs zu Weihnachten, Ostern und Himmelfahrt habe ich berücksichtigt, nicht aber die beiden Passionen. Die nur fragmentarisch erhaltenen Kantaten BWV 50, 120a, 193 und 200 habe ich nicht kommentiert. Das gilt auch für diejenigen Kantaten, die nach heutiger Erkenntnis nicht von Bach stammen (BWV 15, 53, 141, 142, 160, 189). Auch die weltliche Trauer-Ode BWV 198, die lateinische Festmusik BWV 191 und die Motette BWV 118 wurden nicht berücksichtigt. Die konkrete Einordnung der Kantaten in das Kirchenjahr folgt dem Handbuch der Bach-Kantaten von Alfred Dürr.[13] Diesem Buch bin ich auch in Fragen der Echtheit bestimmter Kantaten gefolgt. Was die sehr unterschiedlich gehandhabte Schreibweise der Kantaten-Titel angeht, so stütze ich mich auf die Bach-Biographie von Christoph Wolff, deren Anhang das Bachwerkeverzeichnis enthält.[14] Ich habe mich nach langem Überlegen entschlossen, die Texte der Kantaten nicht in dieses Buch aufzunehmen. Neben praktischen Erwägungen hat dies vor allem damit zu tun, dass ich mit meinem Gedicht auch die Musik der jeweiligen Kantate beantworten und deshalb die Libretti nicht einseitig hervorheben möchte. Sie finden die Kantaten-Texte im Beiheft Ihrer CD-Aufnahme sowie im Internet unter der Adresse www.bachcantatas.com. Dann gibt es auch noch ein preisgünstiges Taschenbuch, in dem sämtliche von Bach vertonte Dichtungen nachzulesen sind.[15]

Bereitet die Wege, bereitet die Bahn, so heißt eine wunderschöne Adventskantate von Bach (BWV 132). In Anlehnung daran will auch dieses Buch Wege bereiten und dabei

---

13 Dürr, Alfred, Johann Sebastian Bach. Die Kantaten, Bärenreiter Verlag, Kassel u.a. 1971

14 Wolff, Christoph, Johann Sebastian Bach, S. Fischer Verlag, Frankfurt a.M. 2000, S. 592 ff

15 Bach Texte, Breitkopf & Härtel, Wiesbaden u.a. 1998

helfen, neue Zugänge in die Welt der Bach-Kantaten zu eröffnen. Viele meiner poetischen Kommentare lassen sich auch als eigenständiges Gedicht auffassen. Aber vielleicht gelingt es dem ein oder anderen Text dennoch, Sie in die entsprechende Kantate hineinzulocken. Die Kantaten Bachs gehören mit zum Schönsten, was es in der Musik gibt. Es kann im hohen Maße faszinierend und beglückend sein, sich auf diese Werke einzulassen.

Ausdrücklich bedanken möchte ich mich bei dem Komponisten Matthias Drude, der die großartige und bereits jetzt reiche Früchte tragende Idee hatte, einzelne meiner poetischen Kommentare zu vertonen, um sie dann gemeinsam mit der zugehörigen Kantate aufzuführen. Näheres zu diesem Projekt erfahren sie im „Ausblick" am Ende des Buches.

Köln, im April 2012 Carola Moosbach

1. Advent

Nun komm, der Heiden Heiland, BWV 61

Ausschau

Wo geht es zur Liebe allumfassend
wo scheint ihre Macht in der Ohnmacht durch
ihre Kraft in der Nacht schon der Morgen
wo

Da kommt kein Retter und alles ist gut
kein starker Held der das Nötige tut
da war aber etwas das wirkt nach bis heute
unter der Asche die Glut

die hilf uns anfachen zu neuem Leben Heilsamer
die lass aufflackern in fremdem Licht Unbegreifliche

Dich ersehnen im Hunger nach Heilung
Dich erhören im Schrei der Welt
Dich erspüren in aller Zerrissenheit

Freude und Warten
Sehnsucht und Taten
Brot auf dem Weg

Nun komm, der Heiden Heiland, BWV 62

Angebote

Warten lernen
den Rhythmus hören
dass aus der Ungeduld
Tänze springen ein Schwung wird

Das Wundern üben
die Würze kosten
dass aus den fernen Bildern
ein Mensch wird zum Anfassen

Dich gut verstecken
Dein Wesen entdecken
dass Du heran wächst
in unsern schwachen Armen

Nimmst Du sie an?
Nimmst Du uns an?

1. Advent

Schwingt freudig euch empor, BWV 36

Aufschwung

Gott wird greifbar durch alles Graue hindurch
will das ganz Andere uns näher kommen

Wir wissen nicht so recht
aber das Herz flammt schon auf
wir bleiben skeptisch wie immer
aber das Ohr schwingt schon mit

Es tönt die Freude überschäumend
eine neue Tiefe singt sich ein
auch alte Schmerzen strömen hinein

Wer möchte kann mitsingen
es darf ruhig brüchig klingen
wer die Tür aufmacht
kann auf Dich zählen

Das Schwere wird aufflügeln aus dem Schatten heraus
werden wir mitgerissen über das Alte hinaus

4. Advent

Bereitet die Wege, bereitet die Bahn, BWV 132

Aufbruch

Gott entgegen auf geraden Wegen
das Wenn und Aber beiseite legen

Was hält uns fern von Dir
was drückt uns nieder
wie Dich sichtbar machen
wie Dir vorarbeiten
Hoffnung und Mut verbreiten
wie

Will ich das wirklich?
Was ist mir wichtig?
Wohin ziele ich?

Die Worte sind groß aber
ich kann sie nicht füllen
die Worte sind schön aber
ich kann sie nicht leben

Das will ich ändern aber ich weiß nicht wie
das kann ich ändern aber nicht alleine
das wird sich ändern aber nicht vollkommen

Du hast den Anfang gemacht
kommst uns entgegen
die ersten Feuer sind entfacht
die Glut wollen wir hegen

1. Weihnachtstag

Christen, ätzet diesen Tag, BWV 63

Eine große Freude

für alle Zeiten unvergessen
wenn auch süß überzuckert meistens
für alle die Gott nötig haben
ein mächtiger Klang dringt durch den Beton
und ruft uns auf und hinaus und bleibt
unvergessen für alle Zeiten

Seltsam wie klein Gott sich machen kann
und das soll helfen?
Seltsam wie anders Gott klingen kann
und das soll hören alle Welt?

Lange gewartet und immer Hoffnung
gesetzt auf etwas von oben und nun
sprudelt es plötzlich von unten herauf so fremd
hatten wir es uns nicht gedacht

Aber es hüpft die Freude trotz allem
Aber es singt eine Ahnung von Freiheit
Aber es schwingt eine neue Saite
ein kräftiger Rhythmus zieht uns mit

glüht und schwelt und dreht und weht
für alle die Gott nicht verloren geben
schmilzt das Feuer durch Stein und Eis
zum Kern des Lebens wer weiß
wohin es uns dreht und weht

1. Weihnachtstag

Gelobet seist du, Jesu Christ, BWV 91

Und trotzdem

Wir haben genug mit uns selbst zu tun
Und trotzdem
gerade jetzt haben wir auch gar keine Zeit
Du gehst
Dich hatten wir uns ganz anders vorgestellt
den ersten Schritt
irgendwie größer für alle erkennbar
auf uns zu

Der Himmel von allen Engeln leergefegt
Und trotzdem
Weihnachten ein Markt wie jeder andere
Du schenkst
versteckt unter Tannengrün und alten Geschichten
Dein Angebot
auf versteckten Pfaden die ersten Strahlen
Liebe

1. Weihnachtstag

Unser Mund sei voll Lachens, BWV 110

Aufgehellt

Schon ist der Himmel aufgerissen
schon wird es hell hinter den Alltagswolken
wir schwingen uns auf ins Lichterblaue
wir stimmen uns ein auf die langsamen Tage
atmen freier zwischen Kerze und Kinderlachen
noch fragen wir uns was das alles bedeutet
noch trennen uns Welten Du überbrückst sie
spielend

Jauchzet, frohlocket, auf, preiset die Tage (Weihnachts-Oratorium), BWV 248, Teil I

Auftakt

Als sie endlich die Stadt erreichten
war es schon dunkel die Herbergen voll
auf sie hatte keiner gewartet
sie fanden den Stall es gab Heu immerhin eine Decke
und dann fing es an durch die Nacht schoss ein Blitz
und sie schrie

Sie keuchte sie presste er hielt ihre Hand und endlich
kam auch das Kind guter Hoffnung es war
wie alle und doch
das Schönste von allen sie lachte die Zeit
stand still

Die Nacht ging zu Ende das Kind schon gewickelt
lag in der Krippe da sah er den Stern
das Dach hatte Löcher
und schmiegte sich an sie und fegte das Schwere
beiseite

Sie spürte sein Lächeln und seufzte
jetzt war alles gut und es sang und es klang
wer kann das begreifen
sie hörte ein Licht sah ins Ferne und Weite
ihr Kind war ein Anfang für viele es schlief
noch

Darzu ist erschienen der Sohn Gottes, BWV 40

Ganz anders

als alle dachten viel zarter
leuchtend
als zu erwarten
unaufhaltsam

wuchs es heran das Kind
so hatte die Wahrheit noch keiner gesagt
zum Ärger der Neunmalklugen
damit hatten sie nicht gerechnet
zum Trost für die Bitteren
das hatten sie nicht mehr zu hoffen gewagt

Da mussten die grauen Herren sehr lachen
noch
ein freches Grinsen uns kann keiner was
wir werden sehen

wie Menschen schon aufgegeben wieder aufrecht gehen
mit Würde Geschichten und Zukunft im Kopf
und bei gutem Wind fühlen sie Gottes Liebe wehen

aus welcher Richtung auch immer
Du ziehst uns ins Leben zurück
selbst die Ummauerten wie für die Ewigkeit
Du suchst eine Lücke

damit wir uns finden lassen für alle Zeit
eingeborgen in Dein Flügelgefieder
die Tore geöffnet so weit

2. Weihnachtstag

Christum wir sollen loben schon, BWV 121

Kehrtwende

Die alten Bilder sind durchgekreuzt
ein Babybündel am Rande der Welt
so zeigst Du Dich

Glitter und Glimmer sind weggeweht
die Schwächsten kommen ins Licht
so schützen wir Dich

Der Sorgenlärm ist leiser gedreht
das lachende Herz springt hoch ins Glück
so loben wir Dich

2. Weihnachtstag

Selig ist der Mann, BWV 57

Widerstreit

Der Kreis wird sich runden
was heißt das?
Der Kreis wird sich schließen
wo treibt es mich hin?

Sterben wäre schön vielleicht
dass da Leben wäre
Leben wäre schön vielleicht
dass da Grund wäre

Ein Licht von weit her
ich sehe nichts
Eine Ahnung von Liebe
ich spüre nichts
Ein Schritt ihr entgegen
ich bin so müde
Ein neuer Ausblick
hinter den Schmerzgebirgen
reißen die Wolken auf
Sinn breitet sich aus und Glück
wie soll das möglich sein?

Eine große Kraft die alles übersteht
ein tiefer Friede der nicht mehr vergeht
ein heilsamer Geist der noch den tiefsten Abgrund durchweht

Und es waren Hirten in derselben Gegend (Weihnachts-Oratorium), BWV 248, Teil II

Signale

Es breitet sich eine Stille aus
weit draußen hört man sie am besten
ein Rauschen das singt und nach Gutem klingt
die Leisen merken es zuerst
ein Leuchten das groß ist stark und klar
manche fürchten sich
ein Klang der ruft und nach Antwort sucht
manche warten darauf

Wir können zu der Quelle gehen
Gott kommt näher
Wir dürfen erste Spuren sehen
Freude jauchzt uns entgegen

Es reißen jetzt die Himmel auf
von unten sieht man es am besten
die Erde streckt sich ins Licht geweckt
auf den Feldern heben sie die Köpfe
das Höchste will sich berühren lassen
manche trauen sich
der Keim wird sprießen neue Wege erschließen
manche spüren es schon

3. Weihnachtstag

Sehet, welch eine Liebe, BWV 64

Aber das ist nicht alles

Gott hat sich klein gemacht
mit Liebe an uns gedacht
schutzlos und doch mit Macht
aber das ist nicht alles

Das bunte Leben bis auf den Grund
schmeckt köstlich und rund
die Jahre zerschmelzen im Mund
aber das ist nicht alles

So tief ich auch grabe
da ist noch mehr
so hoch ich auch greife
es fehlt noch etwas
hinter dem Horizont ahne ich Licht
aber das ist nicht alles
das Wichtigste ist noch außer Sicht
schöner als alles

3. Weihnachtstag

Ich freue mich in dir, BWV 133

Süßigkeiten

Wie schön Du klingst wie gut Deine Liebe schmeckt
wir dürfen genießen der Tisch ist für alle gedeckt
wie warm uns wird am Puls Deiner Freundlichkeit
wir legen die Ängste beiseite zur Nähe bereit
wie zart Du wirkst und trotzdem ein Stern in die Zukunft
wir schicken Dir Decken und Lieder in Deine Unterkunft
wie stark Du wirst von Gottes süßer Speise
wir möchten Dir nachtun auf unsere Weise
wie ehrlich Du warst im Leben und Sterben
wir lernen jetzt auch nicht mehr schönzufärben

Wie klar wir werden wenn wir die Angst verlieren
wie froh wir werden wenn wir Dein Lächeln spüren

3. Weihnachtstag

Süßer Trost, mein Jesus kömmt, BWV 151

Seltsamkeiten

Das Überfließende in Menschenform gebunden
das Unbegreifliche in Wort und Ton geflochten
das Allerhöchste wächst heran auf kargem Boden
wie das kommt
ich schöpfe Frische aus dem alten Brunnen
ich ernte Reife auf verbrannten Feldern
ich sehe Grün im graudurchwirkten Winter
wie das geht

3. Weihnachtstag

Herrscher des Himmels, erhöre das Lallen (Weihnachts-Oratorium), BWV 248, Teil III

Marias Traum

Aus jeder Richtung kamen sie
ein fröhliches Laufen dazwischen die Schafe
mit wirrem Getrappel
Männer und Frauen einfache Leute
sie rannten und drängten zum Stall
alles schlief

Maria wusste es ging um ihr Kind
sie spürte da wuchs etwas Gutes heran
ein Zeichen ein dämmernder Morgen
und doch
zog ihr Herz sich ängstlich zusammen

Sie sah in die Zukunft der Junge
erwachsen ein Wanderer weithin leuchtend
zieht durch das Land viele sind bei ihm
er teilt
ein Brot aus das reicht für alle

Der kleine Stall voller Menschen
ein scheuer Blick geht zur Krippe da liegt es
das winzige Kind
Maria liebkost es sie fängt an zu tanzen
auch Joseph tanzt nun alle lachen
doch dann schreit das Kind sie wacht auf
es ist hungrig sie nimmt es bewahrt
den Traum

Sonntag nach Weihnachten

Tritt auf die Glaubensbahn, BWV 152

Stein auf Stein

Die ersten Schritte bin ich gegangen
schwankend auf Grund mehr oder weniger

Im Schuh spitze Steine Enttäuschung Geröll
unter den Füßen ein Auftrieb mal mehr mal weniger

Lass es ein Anfang sein
ein Flüstern das Leben verspricht
Wolkenheimat Stein auf Stein
auch wenn sie sagen das gibt es nicht
Dich für möglich halten gegen alle Logik
Gottfunken suchen im Schutt der Welt

Sonntag nach Weihnachten

Das neugeborne Kindelein, BWV 122

Neuigkeiten

Wir brauchen Dich nicht mehr im Himmel zu suchen
Du reichst uns die Hand ob verdient oder nicht
der Herrscher unnahbar hat abgedankt

Du bist aus dem goldenen Rahmen gefallen
ein wehrloses Kind
auch wenn das nicht alles sagt
kann ich Dich Gott
nun besser erkennen
mit frischen Farben das Neue malen
auch wenn keine Engelschöre singen

Sonntag nach Weihnachten

Gottlob, nun geht das Jahr zu Ende, BWV 28

Zwischenzeit

Das alte Jahr in seiner Leichtigkeit und Schwere
es geht
das alte Jahr in seiner Bitterkeit und Süße
zu Ende
ein Jahr der Krise die Blase geplatzt
wir halten still
ein Jahr der Armut immer sichtbarer
Hauptsache ich nicht

Da wird mir das Leichte schwer Dich zu loben Gott
liebst Du uns noch?
Da wird mir die Zunge schwer Dich zu bitten
hörst Du uns noch?
In satter Stumpfheit sind wir träge geworden
bewegst Du uns noch?

Du fließt nur wenn wir im Fluss sind
nicht verstockt die toten Wege gehen
Du sprudelst nur wenn wir lechzen
nach dem Wasser des Lebens
Du blühst auf wenn wir wurzeln
in Deiner fruchtbaren Erde

Wir möchten es lernen gib uns nicht auf
Wir möchten es leben lass uns nicht los

Neujahr

Singet dem Herrn ein neues Lied, BWV 190

Neue Wünsche

Gott loben lernen
mit Herz und Verstand
ohne aufzutrumpfen
das Wichtige sagen
mit Geist und Mut
ein anderes Leben wagen

Ein neues Jahr für die Frauen
mit bunten Plänen hinaus
in die Welt tief durchatmen
so loben wir Dich

Ein neues Jahr für die Männer
auch endlich im Haus
die Ärmel hoch die Hände griffbereit
so wirkst Du Dich aus

Ein neues Jahr für die Kinder
ein lustiges Lied für alle
ein Spielplatz eine Zukunft
so wirst Du sichtbar

Deine vielen Farben
uns zur Freude
Deine unendlichen Formen
uns zum Staunen
Deine Schilder am Wegrand
uns zur Sicherheit

So gehen wir die nächsten Schritte
mit einem Licht in der Mitte
so hören wir ein neues Lied
das uns in Deine Richtung zieht

Neujahr

Jesu, nun sei gepreiset, BWV 41

Rundumblick

Im Rücken die Vergangenheit
ob gut oder schlecht sie ist vorbei
hinter der Biegung das Kommende
so oder so wir gehen hinein
zur Seite die Anderen auf dem Weg
fremd oder nah ich brauche sie
im Zentrum das Allumfassende
wir können ruhig sein
Du birgst die Zeit
wir sollen laut sein
Du forderst Worte und Taten
wir dürfen getrost sein
Du wanderst mit

Herr Gott, dich loben wir, BWV 16

Zukunftsfragen

Was wollen wir?
Protzende Banken
oder gute Schulen für alle?

Wie denken wir?
Nach uns die Sintflut
oder Leben ist mehr als Geld?

Worauf vertrauen wir?
Auf den Börsenkurs
oder Gottes Wachsen in uns?

Wir sind doch mehr als ein Laufen im Hamsterrad
und können aufrecht gehen
Gott will doch mehr als nur schöne Worte
und ruft uns zur handelnden Antwort

Neujahr

Gott, wie dein Name, so ist auch dein Ruhm, BWV 171

Namenlos

Zu oft missbraucht
zu eng gedacht
zu ausgemalt
Dein Name

Lieber die Meere schäumen lassen
als das Fließende eindämmen
lieber mutig ins Leere fassen
als das Lebendige wegsperren

Auch ohne Worte
nah
auch im Schweigen
da

Neujahr

Fallt mit Danken, fallt mit Loben (Weihnachts-Oratorium), BWV 248, Teil IV

Umkreisungen

Ich sah Deine Namen in Stein gemeißelt
der Stein war grau und die Schrift verwittert
ich hörte die Lieder und alten Geschichten
sie klangen gut aber sagten mir nichts
ich schmeckte das Falsche im allzu Süßen
da hab ich die Sehnsucht begraben

Jesus das war was für Kinder und Alte
der Heiland ein Wortgeklingel
Erlöser so sprachen seltsame Leute
ein König für Engel und Schafe

Ich sah Deine Namen in Sand geschrieben
vom Winde verweht wieder aufgetaucht
ich hörte ein Echo auf meine Fragen
das klang nach etwas Echtem
ich schmeckte das Salzige in der Süße
und wusste jetzt wird es ernst

Fremder Du hast ein Fenster geöffnet
Bruder das Licht fällt herein
Ferner Du bist aus dem Schatten getreten
Naher jetzt kann ich Dich sehen

Neujahr

Lobe den Herrn, meine Seele, BWV 143

Felsenfestes

Gott ist die Kraft durch alles hindurch
ich will sie loben auch mit brüchiger Stimme
ich darf ihn rufen auch wenn mir die Worte fehlen
ich kann es spüren auch wenn ich es nicht glaube

Gott ist der Fels an dem das Böse zerschellt
auch da wo es nicht danach aussieht
auch wenn wir nur sehn bis zur Nasenspitze
auch weil es schon einmal so war

Gott ist das Feste und das Flüssige
wir wagen es darauf zu bauen
wir lernen darin zu schwimmen
wir trauen uns vor in die Zukunft

Sonntag nach Neujahr

Schau, lieber Gott, wie meine Feind, BWV 153

Meine Feinde

Mutlos in allem
voller Hass auf mich selbst
ohne Ausweg den Blick verengt
nur auf das Schlechte
so geht es mir Gott ohne Dich
die Angst grinst mich an wir kennen uns
schon frisst die Leere mich auf
und alles wird sinnlos

Deine Antwort klingt gut
Deine Antwort klingt warm und stark
aber reicht sie auch
bis in die finstersten Ecken
und trägt sie mich auch
durch die schwersten Stunden?

Wenn ich taub werde vom Lärm der Lügen
schickst Du mir Ruhe und Wahrheit?
Wenn der Schrecken mich einholt mich aufspürt überall
gibst Du mir Sicherheit?
Wenn ich zurückweiche vor der Übermacht meiner Feinde
hältst Du ihnen stand?

Die Antwort kann ich manchmal hören
der Antwort kann ich manchmal trauen
Frieden durchweht das Denkgestöber
breitet sich aus
vom Kopf bis zu den Füßen
schon lächelt zaghaft die Freude

Sonntag nach Neujahr

Ach Gott, wie manches Herzeleid, BWV 58

Selbstgespräche

Ich bin aus der Zeit gefallen
Wir werden sehen

Die Kräfte am Ende
Gott gibt mich nicht auf

Das Lachen verloren
Es kommt eine Zeit

Vor mir ein Nichtsmeer
Da wächst schon das Andere

Die letzte Station
Da tanzt neues Leben

Sonntag nach Neujahr

Ehre sei dir, Gott, gesungen
(Weihnachts-Oratorium), BWV 248, Teil V

Spurensuche

Sie kamen von ferne und fragten Wann?
Jetzt
Sie folgten dem Hellen und fragten Wo?
Hier
Sie wunderten sich und fragten Wie?
So

Der König erschrak sich
nicht nur er
Die Priester forschten
im Trockenen
Die draußen ahnten
hier ist etwas

Wann wirst Du aufgehen?
Am Morgen und Abend
Wo wirst Du scheinen?
Innen und außen
Wie wirst Du aussehen?
Immer anders

Epiphanias

Sie werden aus Saba alle kommen, BWV 65

Erscheinung

Ein Menschenstrom nicht enden wollend
quillt aus den Hinterhöfen
den windschiefen Hütten und Wohnmaschinen
aus Wolkenkratzern und Reihenhäusern
ein Menschenstrom nicht enden wollend

Sie kommen mit leeren Händen
folgen dem Stern noch unscheinbar
und dennoch stärker als alles

Da möchte ich gerne dabei sein
auf Gott setzen gegen den Anschein
Schritte wagen ins Ungewisse
den Stern sehen durch alle Wolken hindurch

Epiphanias

Liebster Immanuel, Herzog der Frommen, BWV 123

Ausgenüchtert

So glaub ich das nicht
kein schäumender Überschwang
die Wörter sind schal geworden
aber
Du wehst herüber

So will ich das nicht
kein Schwelgen im Rosenduft
zu süß schmeckt das Wortgegklingel
aber
Du nährst mich doch

So hilft mir das nicht
kein Pfeifen im Schmerzenswald
das Ende bleibt ungewiss
aber
ich nehme Dich ernst

So kann ich das nicht
kein fröhliches Glaubenslied
im blühenden Abendrot
aber
ich schwinge mit

Epiphanias

Herr, wenn die stolzen Feinde schnauben (Weihnachts-Oratorium), BWV 248, Teil VI

Josephs Traum

Im unruhigen Schlaf es war kalt
durchs löchrige Dach pfiff der eisige Wind
durchfuhr ihn ein Schrecken
er sah dunkle Schatten groß und gefährlich
sie gaben sich harmlos blutige Mörder
mit Masken

Joseph wusste es ging um sein Kind
das konnte so manchem gefährlich werden
selbst Könige fürchteten es
doch andere
suchten mit Liebe nach dem Kleinen

Dann sah er im Traum goldene Sonnen
ein Duft stieg empor aus kostbaren Schalen
ihm wurde ganz leicht zumute
die Füße
zuckten im Rhythmus des Neuen

Drei Boten sind angekommen
und mit ihnen Klarheit Mut helle Stimmen
aus einer anderen Welt
Joseph atmet jetzt ruhiger mit tieferem Blick
Richtung Morgen er hat keine Angst mehr
die Macht der Schatten ist gebrochen
es wird langsam hell er öffnet die Augen
Gott ist bei ihm

1. Sonntag nach Epiphanias

Mein liebster Jesus ist verloren, BWV 154

Fehlanzeige

Nur noch ein Spiegel längst blind geworden
staubige Wörter schon lange verblasst

War da mal was?
Brauchen wir das?

Jesus meine Zuversicht schmeckt fahl auf der Zunge
Jesus mein Heil und Licht sagen meistens die Falschen
Jesus Dein Schmerzgesicht passt nicht in die Zeit

Du bist begraben unter Steinen tausende Jahre alt
Du lässt dich finden an den unmöglichsten Stellen
Du singst Dein Lied in unerhörten Tönen

Sicher haben wir Dich nie
zerbrichst jedes Wortgefängnis
Du springst wer weiß wohin und wie
schon bist Du wieder außer Sicht

1. Sonntag nach Epiphanias

Meinem Jesum lass ich nicht, BWV 124

Zusage

Ich vertreibe Dich nicht
was immer passiert
wie schwer es auch wird
für Dich wird Platz sein selbst unter Trümmern

Ich werde die Wahrheit sagen
auch wenn ich wütend bin
das Leben ein Wirrwarr ohne Sinn
ich halte Verbindung durch alle Schwärze hindurch

Ich übe das Hoffen
dass es ein Weiter gibt
dass Gott auch Zweifelnde liebt
bis ich Frieden finden werde in leichter Himmelserde

1. Sonntag nach Epiphanias

Liebster Jesu, mein Verlangen, BWV 32

Zeichensprache

Einst sah ich Dich tanzen auf den Wellen
von neuen Ufern sang mir der Morgen
jetzt muss ich mich zwingen zu jedem Schritt
durch die lahmenden Tage
Musik umfängt meine Schwäche

Gestrandet zwischen tausend Dingen
verschlossen in Einsamkeit
ein Anruf dringt durch die Mauer

Erst arbeitslos dann krank geworden
die Kinder lachen mir Mut zu

Gib dass ich Deine Zeichen sehe
Deine Sprache besser verstehe
auch im Dunkeln Dich erspüren
hinter der Trauer die offenen Türen

2. Sonntag nach Epiphanias

Mein Gott, wie lang, ach lange, BWV 155

Halbtonschritte

Vom Schattenriss meiner frühen Jahre
dem pochenden Grundton verhallt im Nichts

über die süßen Klänge falscher Seligkeiten
tanzend auf den zerbrochenen Worten

zur wohlfeilen Floskel aus der Ratgeberkiste
vom höheren Sinn allen Leidens

bis zum Erlauschen erster Haltetöne
als Richtung für meine schweren Schritte

habe ich immer nach Dir gesucht
Du köstlicher Schweigegesang

Nun bin ich ruhiger wenn die Angst kommt
nun sammle ich die Krümel des Glücks

2. Sonntag nach Epiphanias

Ach Gott, wie manches Herzeleid, BWV 3

Begegnungen

Gesichter leer die Schritte schwer
hier wartet man auf nichts mehr

Wie leicht das Schwere zu Boden drückt
Flaschen und Spritzen an jeder Ecke
dazwischen Erbrochenes

Wie schwer es sein kann sich aufzurichten
schon die Kinder verloren im Flimmerwald
Mord und Totschlag inklusive

Wie stumm wir werden ohne Liebe
kein Lied schwingt sich auf nur Geschrei
wen kümmert es

Kann ich hier leben?
Was kann ich von Dir Gott
geben?
Wo finde ich Zukunft wie Freundlichkeit?

Dich bewahren auch im Verödeten
Hoffnung pflanzen zwischen die Glassplitter
Dich erkennen ein leiser Gesang
im Menschengewirr

Ob ich das kann?
Ich übe es
ich gebe auf
ich übe es

2. Sonntag nach Epiphanias

Meine Seufzer, meine Tränen, BWV 13

Verwandlungen

Taub
unter Schmerzen
erdrückt
zwischen Steinen
verzweifelt
an Deinem Schweigen
gehört
paar Geschichten
gesucht
Deine Nähe
gefunden
ein Menschenlächeln
gefunden
Dein Menschenlächeln

3. Sonntag nach Epiphanias

Herr, wie du willt, so schicks mit mir, BWV 73

Ich weiß nicht

Ich weiß nicht wohin
mein Leben führt

Tränen oder Perlen
Brot oder Steine

Um was es geht
was aus mir wird

alle Pläne gescheitert
alle Fäden verwirrt

Ich weiß nicht woran
noch glauben

Aber ich kämpfe darum
Du weißt
aber ich suche danach
Du schimmerst
aber ich hoffe darauf
Du schenkst

3. Sonntag nach Epiphanias

Was mein Gott will, das g' scheh allzeit, BWV 111

Ummantelung

Dieses Umwobensein
mit Fäden der Liebe unsichtbar
Dein Abdruck im Muster der Körperzellen
Erneuerung
Besänftigung
Begrenzung
dieses Umwobensein
mit Fäden des Ewigen unsichtbar
Dein Blick weiß um jede Falte jede Wunde
Berührung
Ermutigung
Erweiterung
mit Heilung umkleidet durch Deine Gegenwart
mit Herzmut umgürtet über den Tod hinaus
dieses Umwobensein

3. Sonntag nach Epiphanias

Alles nur nach Gottes Willen, BWV 72

Alles

Ich darf ein Mensch sein auf der schönen Erde
Du riefst mich in die brausende Welt
Ich bin hineingewoben in vieltausend Stimmen
Du gabst mir Atem für den ersten Schrei
Ich will das Leben kosten süß und salzig
Du lässt es mich probiern auf meine Weise
Ich soll nicht ständig um mich selber kreisen
Du lenkst den Blick in fremde Menschenaugen
Ich kann nicht alles selbst bestimmen
Du zeigst mir wo die Grenzen sind
Ich brauche Stärke für die schmalen Wege
Du warnst mich vor den Stolpersteinen
Ich muss nicht jeden Knoten lösen
Du entwirrst das Knäuel der Fragen
Ich trinke ein die Abendsonne
Du stillst die offenen Wunden

3. Sonntag nach Epiphanias

Ich steh mit einem Fuß im Grabe, BWV 156

Letzte Schritte

Auf schwachen Beinen
mit müder Zunge
durch manche Ödnis
dem Ende entgegen

Einfach ausruhen vom Pfeil geradeaus
mich treiben lassen die Leinen los
zum Abend hin ein fernes Singen
mal sehen wo es mich hinführt

Ohne Gewissheit und fromme Hände
aber die Arme ausgebreitet
ohne Krücken mit stolperndem Herzschlag
aber die Ohren offen

Mehr geht nicht
trag Du mich durch
mehr seh ich nicht
lass es genug sein

4. Sonntag nach Epiphanias

Jesus schläft, was soll ich hoffen, BWV 81

Sturmflut

Ziellos im Nebel
Fragen ohne Ende
wie weiter wer hilft mir

Die Stricke reißen
arbeitslos
die Kräfte schwinden
krank
treibend im Nirgendwo
alleine

Dann eben untergehen
mich einfach ergeben
ins Bleierne

Wo ist jetzt die Aber-Kraft die Trotz-allem-Macht?
Wer geht mit durch die Nacht?

4. Sonntag nach Epiphanias

Wär Gott nicht mit uns diese Zeit, BWV 14

Überlebensgeschichte

Ohne Gott wäre ich untergegangen
der Feind hätte gewonnen die Angst
mich niedergedrückt mein Schweigen
wäre zu Eis geworden ein totes Meer
der Schmerzen die Beine weggerissen
mein Körper ein Feindgebiet die Seele ein Niemandsland

Ich war am Ende aber Gott hat mich rausgezogen
Ich hatte Angst aber dann sind mir Flügel gewachsen
Da konnte der Feind gar nichts machen
Da bin ich auf und davon ins Freie geflogen

3. Sonntag vor der Passionszeit (Septuagesimae)

Nimm, was dein ist, und gehe hin, BWV 144

Kuchenstücke

Ich will mein Teil vom Leben
ein kleines Stück vom Glück wenigstens
manchmal aufjauchzen im Meerwind

Ein großes Stück Sinn will ich finden
mich einschreiben in die felsige Welt
zum Baustein werden für andere

Nicht länger zappeln im Netz der tausend Wünsche
satt werden das Süße genießen
hungrig bleiben nach Festem unter dem Schaum

3. Sonntag vor der Passionszeit (Septuagesimae)

Ich hab in Gottes Herz und Sinn, BWV 92

Verwerfungen

Warum es Unrecht und Armut gibt?
Bestimmt nicht weil Gott es so will
Warum so viele untergehen?
Bestimmt nicht damit sie etwas lernen
Warum ich krank bin und andere nicht?
Bestimmt nicht um mich zu prüfen

Ich bin des Kämpfens müde
ich bin des Fragens müde
Wut und Klage haben sich hingelegt
Geduld und Hoffnung sind eingeschlafen
ich lege sie in gebrochene Hände
die wurden schon einmal heil
ich werfe mich in zerklüftete Arme
und falle schwer in die Wolken

3. Sonntag vor der Passionszeit (Septuagesimae)

Ich bin vergnügt mit meinem Glücke, BWV 84

Einverstanden

mit der kleinen Freude am stillen Sonntag Morgen
dem Toastwohlbehagen der Bach-Kantate im Einklang
mit allem für einen Moment
einverstanden

Ob verdient oder nicht ich will es genießen
ob vollkommen oder nicht
ich nehme das Glück wie es kommt
klein oder groß und immer zu kurz
was bleibt ist die Frage
einverstanden
nach dem was mehr ist als alles

Du gibst die Antwort Gott
Einverstanden?

2. Sonntag vor der Passionszeit (Sexagesimae)

Gleichwie der Regen und Schnee, BWV 18

Resonanzen

Dass ich Ohren habe für Deinen Aufschrei
statt zu ertauben im Kreischen der Welt
dabei helfe mir Gott
dass ich Augen habe für Deine Wirkungen
statt nur das Zerstörte zu sehen
dazu leuchte mir Gott
dass ich Hände habe für Deine Arbeit
statt Rang und Namen hinterherzulaufen
darin bestärke mich Gott
dass ich Mut habe für Deine Wahrheit
statt feige den einfachsten Weg zu gehen
dahin bringe mich Gott

Ich atme tiefer das Stockende löst sich
in Deine Weite hinein
Erstarrtes fließt ab Verbitterungen
ich atme freier

2. Sonntag vor der Passionszeit (Sexagesimae)

Leichtgesinnte Flattergeister, BWV 181

Heute hier morgen da

Einerseits und andererseits
so viele Wege und Möglichkeiten
ein bisschen dafür und ein bisschen dagegen
bloß nichts verpassen von allem etwas

Weil ich alles will ist es nie das Richtige
weil es das Falsche ist ist es nie genug
weil es nicht genug ist suche ich weiter

Am Rande ein Angebot unscheinbar
steckt mehr dahinter?
Im Weltengeplärr ein leises Summen
will ich es hören?

2. Sonntag vor der Passionszeit (Sexagesimae)

Erhalt uns, Herr, bei deinem Wort, BWV 126

Draußen vor der Tür

Drinnen die Täter für sie wird gebetet
schließlich muss man alles verzeihen
draußen die Opfer verderben die Stimmung
und fordern Worte und Taten

Die Macht von unten klopft an die Tür
der Kirche wird sie sich öffnen?
Die Kraft der Schwachen
dringt durch die Schweigemauern
werden sie brechen?

Dahinter ist Platz für Tränen und Wut
über Gottes schreckliche Niederlagen
ein sicherer Ort für alle Verletzten
zum Teufel mit den Wölfen im Schafspelz!

Lass Deine Wahrheit Furchen ziehen
durch das verkarstete Land
lasst uns nach klarem Wasser graben
frisch aus der ewigen Quelle

Sonntag vor der Passionszeit (Estomihi)

Du wahrer Gott und Davids Sohn, BWV 23

Sehbitten

Dass Du mich ansiehst
besonders die wunden Stellen mit Liebe

Dass Du mir zuhörst
aus meiner Stummheit Wortblüten wachsen

Dass mir die Augen aufgehen
dahinten die Kinder so hüpft Deine Gegenwart

Blutiger Sterbender
rüttel uns auf
Atmende Ewigkeit
senke Dich nieder
Wirbelndes Kreisen
komm zieh uns mit

Sonntag vor der Passionszeit (Estomihi)

Jesus nahm zu sich die Zwölfe, BWV 22

Zugkräfte

Wer will schon die hässliche Wahrheit sehen
ein Folteropfer im furchtbaren Schrei
trübt das Einkaufsklima

Und wer will gern zu den Kranken gehen
in muffigen Zimmern der Einsamkeit
ein Fenster öffnen ins Leben

Wer will denn immer abseits stehen
ungeborgen im Geist der Zeit
lauschen auf Uferloses

Was nur treibt mich aufs weite Meer
tauchend bis auf den Grund?
Und wo in den leuchtend dunklen Tiefen
strömst Du mir entgegen?

Sonntag vor der Passionszeit (Estomihi)

Herr Jesu Christ, wahr' Mensch und Gott, BWV 127

Letzter Wunsch

Dass Du ein Meer bist aus Liebe
ein Offenes in das ich falle
immer weiter versinke und löse mich
löse mich auf alles Schwere zerfließt
das Harte zerbricht was ich war
Du siehst es kennst selbst alle Tiefen
der Kern wird geborgen ist sicher
Du nimmst ihn auf

Sonntag vor der Passionszeit (Estomihi)

Sehet, wir gehn hinauf gen Jerusalem; BWV 159

Wenn es ernst wird

Womöglich alleine dastehen
lieber erst mal abwarten
sich unbeliebt machen Partei ergreifen
sollen die anderen doch
Klartext reden auch wenn es Ärger gibt
besser sich nicht aus der Deckung wagen
aber wer wenn nicht wir
aber wann wenn nicht jetzt

Die Gefolterten Gott schreit mit ihnen
ich will die Ohren offen halten
die Vergewaltigten Gott weint mit ihnen
ich will das Schweigen brechen
die Ermordeten Gott stirbt mit ihnen
ich will die Hoffnung nicht aufgeben

Aus Dornen Rosen
Gott treibt Blüten
aus Elend Würde
Gott trägt Früchte
aus Feigheit Mut
Gott meint es ernst

3. Sonntag der Passionszeit (Oculi)

Widerstehe doch der Sünde, BWV 54

Widerstandserklärung

Ich will dem schönen Schein nicht trauen
das klebrige Gift der Gier nach immer noch mehr
schnürt mir die Luft ab macht mich müde und leer

Im Fernsehen die Siegertypen
reich und glatt mit leeren Gesichter
die Fassade undurchdringlich wer sieht schon
ins taube Herz der auf Null Gekühlten
gefangen im Netz der Eitelkeiten
das kann es nicht gewesen sein

Wer ständig obenauf ist geht unter
wer immer nur haben will bleibt leer
es geht auch anders das spüre ich
frei will ich werden ich traue mich
auf Luft will ich bauen auf Dich

Palmsonntag (Palmarum)

Himmelskönig sei willkommen, BWV 182

Begrüßung

Du sanfter Bote nicht von dieser Welt
Dir wollen wir zuhören
Du Himmelsgleichnis wer es zu lesen versteht
Dir können wir glauben
Du Unscheinbarer auf einem Esel
Dich wollen wir ansehen
kein Einmarsch kein Zwang nur ein Angebot
Dir werden wir Platz machen

Aus Gottes Überquellen suchst Du nach uns
Brennender
ohne Maske ohne Sicherheit mischst Du Dich ein
Schutzloser
nichts kannst Du beweisen lieferst Dich aus
Mutiger

Aus Deinem Leben spricht die eine Stimme
Dir wollen wir zuhören
aus Deinem Sterben brechen frische Triebe
Dir können wir glauben
Du Wunder geschlagen gefoltert
Dich wollen wir ansehen
Leuchtender auf Gottes neuen Wegen
Dir werden wir nachgehen

1. Ostertag

Christ lag in Todes Banden, BWV 4

Anknüpfung

Mein Leben war ein totes Ding
vergeblich alles Hoffen
ein Scherbenhaufen ohne Sinn
dass da noch Wege offen
sollte glauben wer da will
der Himmel müde kalt und still
Das Ende kann ein Anfang sein
Halleluja

Der Tod hat überall die Macht
Angst Unrecht Gier und Wunden
gefangen in der Lügennacht
Zerstreuung alle Stunden
lass uns in Deine Richtung sehn
auf frischer Erde lass uns gehn
Das Ende soll ein Anfang sein
Halleluja

Du hast den Schmerz bis auf den Grund
durchdrungen und erlitten
erniedrigt warst Du bloß und wund
das Hoffnungskleid zerschnitten
doch nun schimmert neuer Glanz
Brot und Rosen Ostertanz
Das Ende wird ein Anfang sein
Halleluja

1. Ostertag

Der Himmel lacht, die Erde jubilieret, BWV 31

Überwiegend heiter

Himmel Erdenklang zusammen
Lachen Freude Jubelschrei
der Schmerz des Endes ist vergangen
auch die Toten sind dabei
wir feiern das Leben
stärker als alles
wir legen die Zukunft
in sichere Hände

In diesen Himmel allumfassend
sind auch wir geschrieben
in dieser Erde fest verwurzelt
sind auch wir bewahrt

Sieht man das in meinem Leben
woran?
Wächst da was ein frischer Mut
wie lang?

Mit Dir bis auf den Gipfel
ins tiefste Tal hinunter
mit Dir bis hin zum letzten Schritt
geh ich ins Ferne mit

1. Ostertag

Kommt, eilet und laufet
(Oster-Oratorium), BWV 249

Alles auf Anfang

Maria war voller Angst hingegangen
zum Grab das konnte nur schrecklich werden
Jesus war tot
nichts hatte ihn retten können
gekreuzigt wie ein Verbrecher sie hörte noch
wie er schrie

Das Grab war leer sie traute ihren Augen nicht
stand ratlos da mit dem kostbaren Öl
sie wollte ihn salben den geschundenen Körper
voller Liebe
und nun gab es nichts mehr was sie tun konnte

Sie sah ins Leere und wusste auf einmal
das ist nicht das Ende sondern ein Anfang
Gott hat den längeren Atem ist größer als alles
er lebt
auch wenn noch nicht klar war wie

Die Männer lachten was Frauen so reden
doch dann liefen zwei plötzlich los
mit klopfendem Herzen
hob Petrus ein Tuch auf im leeren Grab
es roch noch nach Jesus er fing an zu weinen
Steine zerschmolzen vor seinem geweiteten Blick
er sah durch Schmerzen und Tod hindurch
neues Leben

2. Ostertag

Erfreut euch, ihr Herzen, BWV 66

Osterzweifel 1

Wirst Du in uns auferstehen?
Noch hat der Tod das Sagen
Werden wir Früchte tragen?
Noch sprießen nur Keime
Schmilzt unsere Grabeskälte?
Noch blaut kein Himmel hinein

Doch manche brechen jetzt ihr Schweigen
die lange schon verstummt waren
Doch manches regt sich jetzt zum Licht
das tief verschüttet war

Ob das reicht?
Vielleicht dass wir bald
größere Schritte wagen

2. Ostertag

Bleib bei uns, denn es will Abend werden, BWV 6

Gegen Abend

die Fernseher an ihr fahles Licht
flackert und flimmert
springt hierhin und dorthin
leuchtet und wärmt nicht das fahle Licht
hinter den Fenstern das einsame Brot
macht uns nicht satt

Im Dunkeln die Richtung verloren
sei bei uns
im Hamsterrad müde gelaufen
sei bei uns

Deine Gerechtigkeit verraten
gib uns nicht auf
Deinen Botinnen nicht zugehört
lass uns nicht fallen
Dein Licht ausgelöscht
schick frische Glut

Dich erhören
auch die neuen Töne
Dich erkennen
in welcher Verkleidung auch immer

Bleib bei uns

3. Ostertag

Ein Herz, das seinen Jesum lebend weiß, BWV 134

Osterzweifel 2

Das war schon immer so
Kann es nicht anders sein?
Die Welt ist wie sie ist
Mit einem Mal bricht der Stein
Da kann man nichts machen
Das Kleine bleibt nicht immer klein
Es gilt das Recht des Stärkeren
Die Schwachen stehen nicht allein
Gott ist tot die Zukunft düster
Einer trug Licht hinein

Ich lebe, mein Herze, zu deinem Ergötzen, BWV 145

Osterzeichen

In Jesus
die Liebe klarer sehen
was Gott mir zutraut
nun besser verstehen
mit freiem Atem
ins luftige Weite gehen

Und wenn dann die Feier vorbei ist
in den Mühen der Ebene alle Tage
mit Osterhänden noch ungeübt
aufspielen gegen den Tod

3. Ostertag

Der Friede sei mit dir, BWV 158

Ostergruß

Wir hören die leisen Töne
wie sie über die Abgründe springen
durch stahlharte Panzer ins Zarte dringen
Du stimmst uns hinauf in das Schöne
Doch noch sind das nur ein paar Tropfen
im Rauschen der Zeit ein erstes Klopfen
damit ich mich nicht ans Totsein gewöhne
Die Poren öffnen sich den blauen Lüften
suchen witternd nach den Osterdüften
wir hören erst leise Töne

1. Sonntag nach Ostern (Quasimodogeniti)

Halt im Gedächtnis Jesum Christ, BWV 67

Im Zweifel

wie es weiter geht wie schnell
die Zeit sich dreht wohin
mein Leben verweht
denk ich an das wofür Jesus steht

Die Angst bleibt
es war alles vergeblich
der Schmerz bleibt
jeder Schrei jede Träne
ein kleines Sterben
der großen Hoffnung

Aber da war mal etwas
ich weiß es noch
Dein Osterlachen
ich hörte es doch

Nur kann ich es nicht festhalten
nur kann ich Dich nicht festhalten

1. Sonntag nach Ostern (Quasimodogeniti)

Am Abend aber desselbigen Sabbats, BWV 42

Andere Zeiten

Wer geht schon noch in die Kirche
außer zu Weihnachten oder zur Hochzeit
ansonsten ein kleines Grüppchen
wohlig versunken im Altvertrauten

Doch schon dringt frischer Wind
durch die schweren Türen
die Stummen ergreifen das Wort
treten heraus aus dem Dämmerlicht

Mach uns mutig Gott
wir brechen auf ins Unbekannte
mach uns unruhig
es wird höchste Zeit

2. Sonntag nach Ostern (Misericordias Domini)

Du Hirte Israel, höre, BWV 104

Anruf

Hörst Du mich?
Uns trennen Welten
und manches steht zwischen uns

Kennst Du mich?
So viele Menschen
mit Bitten tausendfach

Hältst Du mich?
Wie soll das möglich sein
im Unsichtbaren

Und doch suche ich Dich
nehme Verbindung auf ins Ungewisse

Und doch schmecke ich Dich
Du lässt mich kosten vom Ewigbrot

Und manchmal tanze ich Dich
im Funkenflug meines Glücks

2. Sonntag nach Ostern (Misericordias Domini)

Ich bin ein guter Hirt, BWV 85

Herzweide

Da hat es einer ernst gemeint
und ging bis zum Ende und weiter

Liebe
stärker als alles
Treue
größer als die Angst

Von diesem Wasser will ich trinken
von dieser Hoffnung will ich essen
auf diesem Herzweg will ich gehen

Kosten nicht berechnet
Gewinn nicht erwartet
Ende offen gelassen

Auf diese Karte will ich setzen
auf diesen Fels will ich mein Luftschloss bauen
dieser Strom wird mich tragen

2. Sonntag nach Ostern (Misericordias Domini)

Der Herr ist mein getreuer Hirt, BWV 112

Wer das kann

Den Lärm in blaue Stille tauchen
wiegende Wellen sicherer Halt
hab ich mich im Nichts verlaufen
im Wuchern grauer Angstgewalt
umhülle mich mit Deinem Frieden
lass die Quelle nie versiegen
Kannst Du das?

In mir die Glut lebendig halten
auf das Unmögliche zählen
mit Mut das Tagewerk gestalten
nicht die Todeswege wählen
auch Leichtigkeit ist mit dabei
im Winter grünt ein frischer Mai
Kann ich das?

3. Sonntag nach Ostern (Jubilate)

Weinen, Klagen, Sorgen, Zagen, BWV 12

Schmerzfragen

Bitteres Brot
begrabene Hoffnung
verwüstetes Leben

Das soll einen Sinn ergeben?

Weinen den ganzen Tag
Angst und Schmerzen die Nacht
Worte und Welt im Nebel

Das soll führen wohin?

Da sind welche vorausgegangen
macht es das leichter?
Da ist einer hindurchgegangen
was heißt das für mich?

3. Sonntag nach Ostern (Jubilate)

Ihr werdet weinen und heulen, BWV 103

Schweren Herzens

Du musstest gehen
damit wir Dich klarer sehen
die alten Sicherheiten schwinden
damit wir Dich wiederfinden

Auch wenn es schwer fällt
wir richten uns auf
an Deinen singenden Fernen

Auch wenn wir im Dunkeln tasten
wir richten uns aus
auf Deine Schwingung

Du kommst wieder
als Fröhlichkeit in unsere kargen Lieder
Du bleibst als Sage
ein Auftrieb für die Last der schweren Jahre

3. Sonntag nach Ostern (Jubilate)

Wir müssen durch viel Trübsal, BWV 146

Erntezeit

Die Tränen streue ich
in den Wind
wann ernte ich Freude?
Ich säe Schwere aus
unter Steinen
und daraus wächst Leichtigkeit?
Ins Blaue werfe ich
meine Klage
was kommt zurück?

Sag nicht später
zeig nicht ins Ferne
tanzt ihr Bäume
singt ihr Sterne
Jetzt!

Wo gehest du hin, BWV 166

Mit anderen Vorzeichen

Obwohl auch dieser Sommer vergeht
das Feuer der Rosen schon bald erlischt
will ich die Freuden der Sonne loben

Und wenn auch das Glas zerbrechlich ist
gefüllt mit Stunden leichten und schweren
will ich es leeren bis auf den Grund

Wie schnell das Leben vorüber zieht
jeder Tag kann der letzte sein
ich will ihn schätzen Du schenkst ihn mir
ich will ihn leben so gut ich kann
bis dann der Tod mich ins Ewige weht

4. Sonntag nach Ostern (Cantate)

Es ist euch gut, dass ich hingehe, BWV 108

Weitere Aussichten

Eine Lücke vorübergehend
das Versprechen auf Mehr im Gepäck
eine Kraft die uns weiter zieht

Du zeigst die Richtung aber gehen müssen wir selber
mit Zuversicht aber nicht am Rockzipfel
die nächsten Schritte aber welche sind das?

Du hilfst uns Wege zu finden den Blick frei
wir können selbst entscheiden so oder so
sobald wir das Leben wählen bist Du dabei

5. Sonntag nach Ostern (Rogate)

Wahrlich, wahrlich, ich sage euch, BWV 86

Gebetsversuch

Es heißt Du bist ansprechbar Gott
aber wie und worauf wüsste ich gerne

Soll ich um Glückssterne bitten
und andere müssen im Elend leben?
Soll ich für meine Gesundheit beten
und andere dürfen ruhig krank werden?
Soll ich um Deinen Schutz bitten Gott
und andere werden gefoltert?

Und doch bete ich

Auch wenn Du kein Wünsch-dir-was bist
such ich Verbindung zu Dir
durchbreche die lähmende Funkstille
meiner vereisten Seele

Wenigstens nennen möchte ich Dich Gott
zur Ruhe kommen bis Dein Schweigen mich trägt

5. Sonntag nach Ostern (Rogate)

Bisher habt ihr nichts gebeten in meinem Namen, BWV 87

Schuldfragen

Kinder im Angebot
wer kauft wer schaut weg?
Der Stärkere siegt
wer frisst und wer wird gefressen?
Die Zukunft ein Börsenspiel
wer profitiert wer bezahlt?

Wir machen mit
was denn sonst
wir halten still
bloß kein Risiko
wir plappern nach
das Marktgebet

Wer kann das ändern
wenn nicht wir
wer soll damit anfangen
wenn nicht ich
wer schickt den Mut
wenn nicht Du

Wer da gläubet und getauft wird, BWV 37

Eingetaucht

in die Quelle den Ursprung
umflutet von Liebe für einen Moment
sicher gehalten auf Gott hin

Das heißt noch nicht viel aber etwas
ein Zeichen wie wir gemeint sind
ein Anfang

Zum Weitersagen Geschichten
zum Weitergeben Gerechtigkeit
zum Weiterleben ein Mutherz

So kann ich weitergehen
hinter den Horizont sehen
ein Vorgeschmack

Antwort geben der großen Flut
des Glücks die mich trägt ganz unverhofft manchmal
Spuren legen zu einem der hat
Brot verschenkt das reicht für alle

Himmelfahrt

Auf Christi Himmelfahrt allein, BWV 128

Bewegungen

Ins Helle gewoben
Dein Leben
Dein Sterben
ins All zerstoben
bricht Bahnen
von ferne
säh Dich
so gerne
klarer als heute
aus unten
wird oben
werd mitgezogen
Du schweigst
Du öffnest
den Sternenbogen

Himmelfahrt

Gott fähret auf mit Jauchzen, BWV 43

Wolkenbilder

Ein prunkvoller Aufzug
schmetternde Klänge
der streitbare Held auf blitzendem Wagen
und war doch in den Staub getreten
jubelnde Menschen am Wegrand
so sehen Sieger aus

Schön ausgemalt
die Bilder der Alten
wir aber wollen
nüchtern geworden
den fernnahen Himmel ganz ohne Blattgold
offen halten

Himmelfahrt

Lobet Gott in seinen Reichen
(Himmelfahrts-Oratorium), BWV 11

Hören-Sage

Neulich sind ein paar von denen hier aufgetaucht
nach der Kreuzigung hatte sich keiner mehr blicken lassen
Jesus war tot
und seine Leute auf einmal ganz kleinlaut
im Nachhinein wollten sie alle nichts zu tun gehabt haben
mit diesem seltsamen Heiligen

Nun standen sie wieder an jeder Ecke
scherzten und strahlten als wenn nichts gewesen wäre
gerade hatten sie ihn noch gesehen angeblich
von den Toten auferstanden
mit anderem Aussehen zwar aber unverkennbar Jesus

Gesprochen mit uns hat er auch
erzählte einer als wir stehen blieben
er segnete uns dann hob er die Hände auf
und verschwand
von einer Wolke verdeckt Richtung Himmel

Wie vom Donner gerührt standen wir da
und starrten nach oben sagte eine der Frauen
und lachte
doch dann verstanden wir plötzlich
Jesus hat sich nicht aufgelöst hinter dem Horizont
wir sollen ein Zeichen werden für andere
dass er lebendig ist mitten unter uns
als Liebe

6. Sonntag nach Ostern (Exaudi)

Sie werden euch in den Bann tun, BWV 44

Römische Verhältnisse

Wer Gott neu denkt wird zum Schweigen gebracht
wer nach sexuellem Missbrauch fragt wird beschwichtigt
wer Priesterin sein will wird ausgeschlossen

Dies alles im Namen der Bibel angeblich
dies alles zu unserem Besten versteht sich

Da geben wir noch lange nicht auf
jetzt erst recht
da kennen wir ganz andere Geschichten
von einem der lehrte den aufrechten Gang
von welchen die sind dabei geblieben
gegen die Enge in steinernen Köpfen
Gott mehr als alle Gewalten zu lieben

6. Sonntag nach Ostern (Exaudi)

Sie werden euch in den Bann tun, BWV 183

Verfolgungen

Schuldgeschichten ohne Ende
Feuer brennen durch Jahrhunderte
das lichte Wort in den Dreck getreten
Liebe gepredigt und Hass gesät
Hass auf alles was anders war

Wer muss sich fürchten vor wem?
Wer dient dem Leben wer dem Tod?
Wer braucht Mut und wer Einsicht?
Zeig Du es uns Gott

1. Pfingsttag

Erschallet, ihr Lieder, BWV 172

Funkenflug

Gott weit weg aber spürbar
ein wehendes Lied
Gott ganz unten und doch über allem
ein heilendes Lied
Gott immer anders
ein brennendes Lied

Da heißt es Platz schaffen Raum geben
das offene Herz
Gott nimmt es auf

Ohne Ende Dein luftiger Atem
ohne Anfang Deine Geschichte
ohne Grenze Deine Gegenwart

1. Pfingsttag

Wer mich liebet, der wird mein Wort halten, BWV 59

Schwer entflammbar

Noch geht uns nur selten ein Licht auf
was zu tun ist und wie
noch frieren unsere hohlen Worte
an Deinen fernen Feuern

Was willst Du mit uns?
Wir haben wenig Platz
Was siehst Du in uns?
Wir kennen Dich nicht

Hilf uns ein Netz zu knüpfen
aus Lebensfäden rund um die Erde
Hilf uns ein Funken zu werden
an Deinem sternenden Himmel

Wer mich liebet, der wird mein Wort halten, BWV 74

Wort halten

Du wirst bei mir sein auch wenn ich Dich nicht sehe
Du bleibst mir treu obwohl ich Dich so oft vergesse
Du willst mir helfen aber handeln muss ich selbst

Ich werde offen sein für Deine vielen Formen
Ich traue Dir jetzt auch an schlechten Tagen
Ich will Dich nähren dass Du in mir wachsen kannst

1. Pfingsttag

O ewiges Feuer, o Ursprung der Liebe, BWV 34

Einzug

Ein tiefer Friede der mich ummantelt
ein sprudelndes Glück in alle Richtungen
ein zerspaltenes Herz das langsam zusammenwächst
so fühlt es sich an wenn Du bei mir bist Gott

Das ist mehr als ich begreifen kann
das ist ganz anders als ich dachte
das lässt sich nicht planen oder erzwingen
aber die Tür kann ich offen halten
aber die Sehnsucht kann davon singen

2. Pfingsttag

Erhöhtes Fleisch und Blut, BWV 173

Geschenke

Wir schleppen uns grau durch die Tage
also wird Gott uns zum heiteren Aufklang
Uns schwindelt im kalten Licht der Monitore
also schickt Gott einen sicheren Blick
Wir vergraben uns in der Einzimmerwohnung
also schafft Gott neue Berührungspunkte

Damit wir uns aufschwingen können
wenigstens manchmal
in Deine helle Unendlichkeit
schenkst Du das schwebende Wort

2. Pfingsttag

Also hat Gott die Welt geliebt, BWV 68

Wirkungen

Seit Du das bist
sinke ich nicht mehr ins Bodenlose
der Schmerz hat ins Wort gefunden
das Stumpfe geriet in Schwingung
seit Du da bist
traue ich mich auf die Brücke
mit leichten Füßen oder schweren
gehe ich rüber zum Leben
seit Du da bist
halt ich mich fest am Schwebenden
mutig stürze ich durch Abgründe
in die Arme der Wolken
weil Du da bist

Ich liebe den Höchsten von ganzem Gemüte, BWV 174

Liebeserklärung

Ich liebe die schöne schwere Erde
und mit ihr den Atem der sie durchströmt

Ich liebe den schillernden Regenbogen
und in ihm das Licht das er spiegelt

Ich liebe das duftende Brot des Lebens
dankbar greife ich zu

3. Pfingsttag

Erwünschtes Freudenlicht, BWV 184

Lichtblicke

Da sprießt eine Heiterkeit ganz unerwartet
unberechenbar ohne große Worte
grünen frische Kräfte die Farben werden satter
das Leben reicher das Denken weiter

In manchen Gesprächen ahnen wir die Quelle
in manchen Gebeten spüren wir die Liebe
in manchen Geschichten erkennen wir den Ursprung
wie Gott bis in die Tiefe reicht nicht zurückweicht
selbst vor der blutroten Bitterkeit

Das sagt noch nicht alles aber die Nacht hellt sich auf
das heilt noch nicht alles aber ein Anfang ist gemacht

Er rufet seinen Schafen mit Namen, BWV 175

Leuchtzeichen

Wenn ich hocken bleibe im Engen
fest geklebt an der Oberfläche
hör ich Dich nicht

Wenn wir gefangen sind im Üblichen
die Ohren verschlossen das Denken vernagelt
prallst Du an uns ab

Wenn wir den Marktschwätzern Beifall klatschen
Menschen zur Ware werden und weg damit
töten wir Dich

Wenn wir Leben schöpfen aus dem Vollen
Türen weit aufschwingen durch Deinen Mut
lächelst Du
leuchten wir auf
ins Unendliche

Trinitatis

O heilges Geist- und Wasserbad, BWV 165

Zur Taufe

Weil du ein kleines Wunder bist
vom Kopf bis zu den Zehenspitzen
sollst du getaucht sein in flüssiges Licht

Weil Menschen manchmal sich selbst verlieren
ins Stolpern geraten auf rutschigem Abhang
knüpft Gott ein Band zum Himmel für dich

Weil wir dich lieben ohne Ende
legen wir dich an Gottes Herz
dass du geweckt wirst zu vollem Leben
dass du umhüllt bist von Ewigkeit

Es ist ein trotzig und verzagt Ding, BWV 176

Herzflattern

Wo ich herkomme gibt es keine Sicherheit
alles ist möglich auf schwankendem Boden
wo ich hingehe zögernd ich weiß noch nicht
wie das geht Vertrauen fassen ins Offene

Es heißt Du kämest mir entgegen am Ende
aller Fragen keine Antwort aber ein Anfang so heißt es

Für alle ein Lichtblick auch für die Zweifelnden
einen Sinn ein Woher und Wohin
auch wenn ich nicht sicher bin
eine Ahnung wozu eine Freude ein Lachen
aufblitzend im Nu

Das spüre ich an guten Tagen
das hoffe ich an schlechten Tagen
Gott fließt immer anders größer als alle Fragen
aufspringender Dreiklang schöner als alles Sagen

Trinitatis

Gelobet sei der Herr, mein Gott, BWV 129

Dreiklang

Gelobt sei das Leben
das in uns allen atmet
das mir zum Rätsel wurde
das auf die Freiheit wartet
aus Nichts ballt sich die Erde
treibt Blüten aus und singt
ihr Lied trotz aller Schwere

Gelobt sei der Fremde
der sich selbst verschenkte
der mir zum Schlüssel wurde
der ans Kreuz Gehängte
ist weit und nah in einem
trotz aller falschen Freunde
der Balsam für mein tiefstes Weinen

Gelobt sei die Stille
die alles bergen kann
die Kräfte schickt ins Matte
die weiß was nötig ist und wann
schenkt Ruhe mir im Lärm der Tage
zieht mich mit ins Morgen
wird Antwort auf die große Frage

Die Elenden sollen essen, BWV 75

Glanz und Elend

Die Armen sind bei uns unsichtbar
aber Gott fragt danach
wer satt wird und wer übersatt und
auf wessen Kosten

Darf ich genießen was anderen fehlt?
Was gebe ich was nehme ich?
Brauche ich immer noch mehr?

Die Gier treibt uns weiter
nie sind wir zufrieden
das Wichtigste das Eigentliche
ist stets einen Wunsch weiter

Wo ist der Ausstieg?
Wie teile ich was mit wem?
Ist genug da für alle?

Einfach anfangen Gott hilft
auch denen mit halbem Herzen
füllt auf räumt beiseite je nachdem
was nötig ist und für wen

1. Sonntag nach Trinitatis

O Ewigkeit, du Donnerwort, BWV 20

Berechnungen

Weil das Leben kurz ist
soll ich es nicht lieben
weil das Leben endlich ist
macht es nichts wenn ich leide

Ein gutes Geschäft
das irdische Leid gegen himmlische Seligkeit
das kurze Unglück gegen ewige Freude
ein satter Gewinn unterm Strich

Auch wenn es nicht ewig dauert
ich liebe mein Leben es kommt von Dir
auch wenn es schwer ist manchmal
ich will es leben bis in die Tiefe

Was dann danach kommt – ich hoffe das Beste

1. Sonntag nach Trinitatis

Brich dem Hungrigen dein Brot, BWV 39

Kreisläufe

Stark werden aus Deiner Stärke
Dich stärken mit meiner Kraft
überströmen aus Deinem Überfluss
sättigen wo Hunger das Leben frisst

Dazu muss ich Angst verlieren und Kälte
Deine Liebe spüren und Sicherheit
kleine Schritte üben und große Sprünge wagen
aus dem Vollem schöpfen aus Dir
gehst Du mit mir?

2. Sonntag nach Trinitatis

Die Himmel erzählen die Ehre Gottes, BWV 76

Erzählungen

Die Farben erzählen die Vielfalt
die Liebe beleuchtet das Wesen
die Meere umbrausen die Stärke
Gottes

Die Kriege erzählen die Ohnmacht
die maßlose Gier zeigt das Fehlen
im Lärmen der Welt dröhnt die Ferne
Gottes

Die Felder erzählen die Sorge
die offene Hand streut die Güte
ins Endlose flutet das Wogen
Gottes

Ach Gott, vom Himmel sieh darein, BWV 2

Die im Dunkeln

Die Kindheit zerstört an den Rand gedrängt
nur halb gelebt und vieles verpasst
wer will da schon hinsehen den Stein aufheben
darunter das Angstgewürm

Hilft da etwas?
Sieht uns jemand?
Hört das wer?

Ein Ort im Hellen
eine Hoffnung wer weiß woher
ein Wort für die am Ende
eine Kraft durch alles hindurch

Ist da etwas?
Glaubt uns jemand?
Spricht da wer?

3. Sonntag nach Trinitatis

Ich hatte viel Bekümmernis, BWV 21

Schmerzen reichlich

Es tut weh wie am ersten Tag
aus Tränen sind Steine geworden
es schmeckt bitter wie eh und je
ich spucke es aus das Leben

Und Dein Trost Gott wo ist der geblieben?
Fremd bist Du mir geworden
Deine Worte schales Gerede
Deine Versprechen leer
Du hast Dich abgewandt
warum auch immer
woher soll ich das wissen
ich kann nur rufen und schreien
wer weiß ob es Dich kümmert

Soll ich warten aber worauf?
Soll ich suchen aber wonach?

Zeige Dich Gott ich weiß nicht mehr weiter
Sprich mit mir durch wen auch immer
Gerade der Schwächste war stärker als alle
sollen da meine Schmerzen ewig sein?

3. Sonntag nach Trinitatis

Ach Herr, mich armen Sünder, BWV 135

Unter Wasser

umwuchert von Einsamkeit wo bist Du
im Grauen ertrunken wann hellt es auf
Dein Lichtwort stumpf geworden wie kam das
Sprachlos stehe ich im Menschenleeren
müde bis in die Knochen schlaflos so manche Nacht

Ich kann nicht bitten
hilf mir trotzdem
ich kann nicht mehr kämpfen
tu Du es für mich

4. Sonntag nach Trinitatis

Barmherziges Herze der ewigen Liebe, BWV 185

Zweiter Blick

Der Bettler am Eingang
Kleidung abgerissen
Zahnlücke
aber für Bier ist Geld da
Gott lass mich tiefer sehen

Die Frau an der Kasse
grellroter Lippenstift
dick
aber abends noch Süßigkeiten
Gott schmilz das Harte aus meinem Blick

Ich selbst in der Warteschlange
billig eingekauft
wer zahlt den Preis?
Ungeduldig
auf wessen Kosten?

Gott schenke mir andere Augen
ich bin nicht das Maß aller Dinge
wirf Licht auf meine blinden Flecke
schick Weite in meine enge Sicht

4. Sonntag nach Trinitatis

Ein ungefärbt Gemüte, BWV 24

Ungeschminktes

Was nützen die schönen Reden
wenn Gott nicht spürbar wird in uns
Was sollen die salbungsvollen Worte
wenn Gott nicht lebendig wird in ihnen
Was hilft es dass wir an etwas glauben
wenn wir es nicht tun

Das geht nicht von alleine
das kann ich nicht aus mir heraus
das kommt von Gott strömt Liebe aus
ich geb dazu das Meine

4. Sonntag nach Trinitatis

Ich ruf zu dir, Herr Jesu Christ, BWV 117

Drei Bitten

Dich sprechen hören im täglichen Allerlei
den Kopf über Wasser nicht untergehen
Lust und Freude sei auch mit dabei
Dein fremdes Wort immer besser verstehen
zur Seite schauen statt nach oben
den Glauben leben und erden
Antwort werden
durch unser Leben Dich loben
in Würde verwelken und sterben

Dir trauen lernen im finsteren Sorgental
nicht abtauchen verloren gehen im Nebel
die Gründe zum Leben immer in Überzahl
am Ende die Hoffnung am längeren Hebel
im Dunkeln das Lichte schon ahnen
den Tod bei der Arbeit stören
Antwort hören
Deiner Liebe die Wege bahnen
zu Deinen Leuten gehören

Dich lieben können ohne Angst und Berechnung
von Deiner Schönheit singen ohne Zweck und Ziel
kein Feilschen um Lohn sondern einfach Verehrung
Du schenkst Dein Licht wer weiß schon wem und wieviel
das Brot des Himmels schmecken
auf festen und schwankenden Wegen
Antwort geben
die Schrunden der Erde bedecken
Kraft schöpfen aus Deinem Segen

5. Sonntag nach Trinitatis

Wer nur den lieben Gott lässt walten, BWV 93

Gegenrede

Wenn der Lohn nicht reicht trotz Arbeit
soll ich dazu Ja und Amen sagen?
Und andere werden reich im Schlaf

Wenn der Urlaub längst unbezahlbar ist
darf ich nicht wütend werden?
Und andere fliegen um die Welt

Wenn niemand nach meiner Meinung fragt
soll ich bescheiden sein stillhalten?
Und andere stehen im Rampenlicht

Erzählt mir nichts von Gottes Güte
Erzählt mir von Gottes Gerechtigkeit

5. Sonntag nach Trinitatis

Siehe, ich will viel Fischer aussenden, BWV 88

Eingespannt

Gott will nicht verborgen bleiben
wer etwas gesehen hat soll andern die Augen öffnen
Gott will nicht vergessen werden
wer etwas erlebt hat soll es erzählen
Gott will nicht ein Rätsel sein
wer etwas verstanden hat soll es weitersagen

Tun was möglich ist der Rest findet sich
standhalten der großen Leere
dem alles vernichtenden Nichts
am Grunde des Abgrunds hält Gott auch mich

6. Sonntag nach Trinitatis

Vergnügte Ruh, beliebte Seelenlust, BWV 170

Gottwärts

Hinter der Bitterkeit
tiefer graben
unter dem Schmerz
Heilung spüren
nach aller Hetze
Ruhe atmen

Den Fernseher aus Computer Radio
Schluss mit dem Geplärre
der Häme dem Hass kauf dies werde das
sei alles bloß nicht alt oder einsam

Irgendwo da draußen hab ich mich verloren
irgendwo da drinnen hab ich Dich verloren
zwischen all dem Gerümpel kein Platz keine Richtung
aber da war doch was

Hinter der Blendung
tiefer sehen
unter dem Dreck
Lichtspuren suchen
nach der Verzweiflung
aufstehen und weitergehen

6. Sonntag nach Trinitatis

Es ist das Heil uns kommen her, BWV 9

Ohne Dich

verliere ich mich
bleib ich geduckt
unterm Schatten
ohne Dich
fliege ich nicht
sinke ich ein
ins Schwere allein
verrenne ich mich
ins Falsche
Du ziehst mich raus
Du bindest mich ein
über mich hinaus
ins Freie

7. Sonntag nach Trinitatis

Ärgre dich, o Seele, nicht, BWV 186

Satt werden

Eigentlich wäre genug da für alle wie aber
Brot Luft und Liebe teilen wie die Angst verlieren
zu kurz zu kommen?

Alle sollen satt werden überall
ein Platz zum Lernen
ein Platz für die Arbeit Sinnvolles tun
ein Platz für die Freude überperlend
niemand wird abgespeist mit schönen leeren Worten

Wir können es schon leben in manchen Momenten
Gott zwischen uns
wir können es schon ahnen an guten Tagen
Gott im Überfluss
wir können damit anfangen heute

7. Sonntag nach Trinitatis

Was willst du dich betrüben, BWV 107

Ermutigung

Du brauchst keine Angst zu haben
es darf gezweifelt werden
nicht Ja und Amen zu allem sagen
so schnell fällt Gott nicht in Scherben
die anderen können auch nur hoffen
was sie zu wissen meinen
und wenn sie noch so sicher scheinen
am Ende ist alles offen

Du brauchst keine Angst zu haben
zur Not mit gebrochenen Worten
Gott auch das Schlimmste zu klagen
an den unmöglichsten Orten
schwirren die wirren Gedanken
schön oder hässlich schäme dich nicht
ganz wund das verweinte Gesicht
beten kennt keine Schranken

Du brauchst keine Angst zu haben
gegen den Strom zu schwimmen
ein anderes freies Leben wagen
in der Ferne ein seltsames Glimmen
das große Geheimnis unaussprechlich
zieht uns wenn wir es lassen
mit Formeln nicht zu fassen
in die Liebe allmächtig

Es wartet alles auf dich, BWV 187

Zwischenhoch

wenn Deine Wellen sich türmen mir sagen
Du bist groß
wenn Deine Früchte mir leuchten
von Deinem Überfluss
wenn jede Blume mir zunickt und wispert
auch du kannst Blüten treiben

dann traue ich mich den Kelch zu öffnen
die Angst legt sich schlafen wer weiß wie lange
dann spür' ich Du füllst auch meine Leere
mit den Düften Deiner Liebe

8. Sonntag nach Trinitatis

Erforsche mich, Gott, und erfahre mein Herz, BWV 136

Erkundungen

Bis in die Tiefe kennst Du mich Gott
auch die Schattenseiten und dunklen Winkel
bis in die Tiefe

Ich will das Richtige tun
aber auch meine Ruhe haben
Ich brauche Dich
aber es soll mich nichts kosten
Ich glaube an Deine Gegenwart
aber das wirkt sich nicht aus

Manchmal gehe ich ein paar Schritte
leider immer zu kurz
manchmal spüre ich wie Du ziehst
noch trau ich Dir viel zu selten

8. Sonntag nach Trinitatis

Wo Gott der Herr nicht bei uns hält, BWV 178

Von unten

Wenn wir nicht ahnten da ist etwas
wenn wir nicht spürten das hat ein Ziel
wenn da nicht Gott wäre wie auch immer
wo käme die Kraft her aufzustehen
gegen das müde Lächeln
gegen den Sog zur Oberfläche
gegen die zynisch Abgeklärten
wo käme die Kraft her nicht unterzugehen

Die Kraft des Lebens
nicht Vertrocknetes aus Priestermündern
die Kraft des Friedens
nicht Hassgetränktes von Gotteskriegern
die Kraft von unten
nicht das Bündnis von Kanzel und Macht

8. Sonntag nach Trinitatis

Es ist dir gesagt, Mensch, was gut ist, BWV 45

Was gut ist

Grenzen achten
auch meine
aufmerksam sein
besonders nach unten
das Rechte tun
auf Deiner Spur

Grenzen setzen
auch harte
Atem schöpfen
aus Deinem Brunnen
an mich denken
aber nicht nur

Grenzen erfahren
bis an den Rand
mich ausprobieren
ohne Zeigefinger
Dich ansprechen
mit eigenen Worten
von Dir hören
ohne Angst

9. Sonntag nach Trinitatis

Herr, gehe nicht ins Gericht, BWV 105

Klageschrift

Als Kind schon zerbrochen
was sagst Du dazu?
Mein Leben ein Schrei
geht er Dich an?
Versteinert Dein Name
lebst Du noch Gott?

Versickert auf wuchernden Wegen
in endlosen Schleifen der Einsamkeit
sind Deine Tropfen verflogen im Treibsand
meiner verdorrten Hoffnungen

Einmal hast Du Dich hingegeben
bis in die Tiefe meiner Schmerzen
doch noch blutet die offene Rechnung
meines zerstörten Lebens
Einmal bist Du mit mir gegangen
durch die Wüste meiner Finsternisse
doch noch klafft die reißende Wunde
meiner zertretenen Würde

9. Sonntag nach Trinitatis

Was frag ich nach der Welt, BWV 94

Dahin

Mitten im Trubel ein feiner Riss
ein Fragezeichen hinter aller Geschäftigkeit
nach dem Woher und Warum und Wohin
mitten im Trubel ein kurzer Weitblick

Die Reichen glauben sie beherrschen die Welt
für immer
die Dummen denken sie leben ewig
so weiter
die Erfolgreichen finden das haben sie verdient
nur sie allein

All die schönen Kleider Schmuck und Kaviar
dahin
all die protzigen Autos teuren Anzüge goldenen Uhren
dahin
all die großen Reden und schlauen Berechnungen
dahin

Einkaufstempel Billigflieger
was kostet die Welt?
Sportpaläste Fußballgötter
wen betet sie an?
Artensterben Klimawandel
wem gehört sie?

All die großen Träume
von einer besseren Welt
dahin?
Alle Mühen alle Hoffnung alle Skrupel
dahin?

Ich möchte ein schönes Leben
aber nicht so
ich möchte ein gutes Leben
aber nicht nur für mich
ich möchte ein sinnvolles Leben
mit Gott in der Tiefe und Höhe
da will ich hin

9. Sonntag nach Trinitatis

Tue Rechnung! Donnerwort, BWV 168

Soll und Haben

Nichts gesagt
obwohl ich wusste hier läuft etwas falsch
Zu wenig geschätzt
das Schöne am Rande
Spät gefragt
was ich am besten kann und für wen

Hinter den Spiegel gesehen
mit zagendem Mut ins Dunkle hinab
auf gutem Wege
Aufwind ins Helle gespürt

10. Sonntag nach Trinitatis

Schauet doch und sehet, ob irgend ein Schmerz sei, BWV 46

Umgedreht

Gott weint – davon wissen wir nichts
Gott bittet – das überhören wir spielend
Gott verzweifelt – an uns doch nicht

Gut fing es an voller Hoffnung
auf Brot Liebe Gerechtigkeit
schwer ging es weiter Verfolgung und Angst
den Löwen ein Fraß
bis alles zu Stein wurde Gott weggesperrt
verraten an Macht und Geld

Die Frage ist wie es weiter geht
die Frage ist ob wir es besser machen
die Frage ist wie und wer kann es schaffen

dass die Richtigen Angst haben und die Richtigen Mut
dass wir Gottes Liebe spüren aber auch Gottes Wut
in einem der hat geheilt geweint und geflucht
von allen verspottet
und doch hat er weiter nach uns gesucht

Nimm von uns, Herr, du treuer Gott, BWV 101

Spannungen

Uns geht es gut weder Seuchen noch Krieg
die Katastrophen sind meistens woanders
Liebt Gott uns mehr als die?

Wir leben im Wohlstand kaufen uns Glück
im Winter ein Flug in die Sonne
Warum wächst trotzdem die Dunkelheit?

Alles muss billig sein Fleisch jeden Tag
den Preis dafür zahlen andere
Wird Gott auch zornig für Tiere?

Gott ist ein Lieber harmlos und nett
niemand braucht Angst zu haben
Was ist mit der Gerechtigkeit?

Gott Du bist uns ein Schemen geworden
ein flüchtiges Wort längst ausgefranst
Kannst Du uns klare Zeichen geben?
Können wir Deine Antwort leben?

10. Sonntag nach Trinitatis

Herr, deine Augen sehen nach dem Glauben, BWV 102

Drohbrief

an den Täter der Kinder missbraucht
an den Nachbarn der sieht so was gerne
an den Händler der daran verdient

Die Opfer zum Müll
sie lassen euch kalt
das Mitleid ist für euch selbst reserviert
schuld sind immer die anderen

Eines steht fest
ihr werdet bezahlen
der Stein wird brechen
auch wenn es weh tut
Gott wird erzwingen
dass ihr versteht

11. Sonntag nach Trinitatis

Mein Herze schwimmt im Blut, BWV 199

Auf dem Trockenen

Aus der Mitte gefallen
die Seele ausgedorrt
taub und stumm geworden

Dinge wichtiger als Menschen gefunden
kaufen wichtiger als leben

Jetzt bin ich am Ende was soll ich tun?
Jetzt weiß ich nicht weiter wo geht es hin?

Jedenfalls nicht alleine
mit Gott aber was heißt das
zurück in den Fluss des Lebens finden
aber wie geht das

Ohne Betäubung aufgehoben
ohne Zwang festgehalten
ohne Ausflucht andere Wege gegangen

Mühsam zuerst ohne Heiterkeit
mehr geschleppt als gesprungen
dahinten das Meer so brausend so weit
das hat im Traum mir gesungen

11. Sonntag nach Trinitatis

Siehe zu, dass deine Gottesfurcht nicht Heuchelei sei, BWV 179

Fragezeichen

Glaube ich was ich sage und tue ich was ich glaube?

Theoretisch die ethische Geldanlage
praktisch möglichst hohe Zinsen einstreichen
am Wochenende das Wort zum Sonntag
ab Montag ist sich wieder jeder selbst der Nächste
mit Worten stets für Zivilcourage
mit Taten lieber nicht zu weit aus dem Fenster lehnen

Da helfen auch Yoga und Kerzen nichts
das milde Lächeln bröckelt schon
die Todesmächte haben sich eingerichtet
auch in meinem Leben

Da werde ich manchmal ganz mutlos Gott
lauter schöne Worte und nicht viel dahinter
immer mal ein Anfang und dann doch aufgegeben
ganz mutlos da hilft auch das Beten nichts mehr

Da hilft auch das Beten nichts mehr?

11. Sonntag nach Trinitatis

Herr Jesu Christ, du höchstes Gut, BWV 113

Verknüpfungen

Für mich
braucht niemand am Kreuz zu sterben
Warum auch?

Durch Dich
ist das Schwere nicht leicht geworden
Wie auch?

Für mich
bist Du ein Fenster das aufgeht ins Leben

Durch Dich
fließen die Schmerzen ins Weltenmeer

12. Sonntag nach Trinitatis

Lobe den Herrn, meine Seele, BWV 69a

Zur Sprache

Durch Dich Gott sei Dank
hab ich Worte gefunden der Schmerz
hat mich nicht zum Schweigen gebracht

Ich will es nicht vergessen
ich will es rufen schreien flüstern
Dein offenes Ohr
hat mir die Zunge gelöst
alles kam jetzt zur Sprache auch
das sorgsam Verborgene
wurde nun ausgeleuchtet und Du
gabst Antwort Dein Lösungswort

blitzte auf Gott bitte
sag es noch einmal und noch einmal
dass ich es fassen kann wenigstens annähernd
dass ich es glauben kann auch an den schweren Tagen
dass ich es behalten kann für immer

12. Sonntag nach Trinitatis

Lobe den Herren, den mächtigen König der Ehren, BWV 137

Gott sei Dank

gibt es Töne Tänze und Lieder
Musik stimmt uns um immer wieder
Trauer vergeht
die Freude am Klang aber lebt
fährt uns in sämtliche Glieder

In Gottes Atem sind wir geborgen
die Kraft die uns liebt will auch für uns sorgen
ganz nah
vergiss es nicht wenn es so war
ihr Aufwind beflügelt ins Morgen

Ob krank ob gesund Gott steht uns zur Seite
den Blick hilft sie schärfen ins Weite
über den Rand
der Schmerzen ein heilsames Band
knüpft uns ins Leben die Angst beiseite

12. Sonntag nach Trinitatis

Geist und Seele wird verwirret, BWV 35

Ungereimtes

Du hast mir die Ohren geöffnet
zu hören die singenden Sterne
meine Augen durften sich weiden
am Glitzern der Meereswellen

Aber die Beine wollen nicht mehr
wo ist Heilung
die Füße schlurfen über die Straße
woher kommt mir Hilfe

Jetzt bin ich müde
die Blätter fliegen im Wind
jetzt will ich ausruhen
vom Kreisen der seufzenden Welt

Du sollst Gott, deinen Herren, lieben, BWV 77

Armutszeugnis

Vom Strom des Lebens abgeschnitten
seh ich nur Grau in den großen Worten
die Nächsten sind mir in weiter Ferne
die Fernen Schemen im Irgendwo

Wie kann ich schenken was ich nicht habe
wie kann ich fühlen was ich nicht bin

Nur ein paar Krümel mehr schaffe ich nicht
zu nehmen von Dir
zu geben von Dir
ein winziges Stückchen mehr fasse ich nicht
von Dir

13. Sonntag nach Trinitatis

Allein zu dir, Herr Jesu Christ, BWV 33

Durch Dich

finde ich mich
sehe durchs Graue
ins Klare
durch Dich
weiß ich wohin
gehe ich raus
aus dem Totenhaus
erkunde den Grund
meines Lebens
Du öffnest Wege
Du lässt mich handeln
ins Blaue springen
so weit

13. Sonntag nach Trinitatis

Ihr, die ihr euch von Christo nennet; BWV 164

So werden

Das Richtige tun
was heißt das?
Gott Obdach geben
nicht nur reden
wer tut das?
Steinschmelze im Herzen
wie fühlt sich das an?

Jeden Abend die Nachrichten
Krieg Hunger Seuchen wie immer
warum soll ich mir das ansehen?
Jede Woche der Obdachlose
stumm vor dem Supermarkt
wieso geht der nicht arbeiten?
Die Frau neulich die dem Kind ins Gesicht schlug
der Mann der die Frau bedrängte
was kann ich da schon machen?

Es ist noch nicht erschienen
es ist noch nicht entschieden
was wir sein werden

14. Sonntag nach Trinitatis

Es ist nicht Gesundes an meinem Leibe, BWV 25

Notruf

Das schmerzt bis in die Wurzeln
wer kann mir helfen
das schreit bis in meine Träume
wer steht mir bei

Einsam bin ich gewesen von Anfang an
ist das meine Schuld?
Einsam bin ich geblieben misstrauisch
finde den Weg nicht ins Leben
wo soll ich hingehen?

Dies probiert das probiert
nichts hat geholfen auf Dauer
dieser Fluchtweg jene Betäubung
jetzt bin ich am Ende

Schmerzensbruder hörst Du mich?
Licht der Blinden siehst Du mich?
Trost der Wunden stärkst Du mich?

Dass ich Dich loben kann ohne zu lügen
dass ich mich ansehen kann mit Freundlichkeit
dass ich Wärme spüre auf meiner dünnen Haut

Hilf dass es wahr wird
bis in die Wurzeln
sag dass es halten wird
über den Tag hinaus

14. Sonntag nach Trinitatis

Jesus, der du meine Seele, BWV 78

Herztausch

Fremder Jesus was soll ich mit Dir
wo ist das Fassbare hinter den Sprechblasen
wo ist das Haltbare jenseits der Phrasen
wo ist das Heilende in den welken Worten

Das klaffende Herz ein blutiger Riss zieht sich durch
Du kannst es haben ferner Bruder
gib mir ein anderes stark und frisch
ich werfe es hoch in die Luft das Schwere
ich werfe die Netze aus ins Andere
die Poren öffnen sich
das Herz schlägt kräftiger

Geschundener Du bist zum Brennpunkt geworden
ziehst Hoffnungen auf Dich millionenfach
an Dir brechen die Hasswellen Mutiger
Du spiegelst die Liebe größer als alle Welt
Sagenumwobener hinter den Zeitbergen
hilf mir den Kern zu finden

14. Sonntag nach Trinitatis

Wer Dank opfert, der preiset mich, BWV 17

Kleine Worte

Danke für den Atem wie er kommt und geht
ohne mein Zutun
Danke für das Brot wie es duftet mich satt macht
an jedem Morgen
Danke für die Wellen wie sie schäumen und rauschen
durch Deine Kraft

Und wenn die Sorgen kommen
wie geht es weiter
und wenn die Fragen kommen
was soll das alles
mach daraus Zutrauen Gott
Bitte

Warum betrübst du dich, mein Herz, BWV 138

So viele Sorgen

Was wird aus mir ohne Arbeitsstelle
was aus den Kindern so viele Sorgen
denk ich an morgen

Nur für heute auch die Lichtpunkte sehen

Alles wird teurer Strom und Butter
wie soll da die Rente reichen

Nur für heute den Tag überstehen

Wer steht mir bei wenn ich alt bin
wie wird das Sterben sein wo
bin ich geborgen so viele Sorgen

Nur für heute mit Zuversicht weiter gehen

Das wird sich alles finden
sagt man
manches wird ganz einfach sein
abwarten
Gott ist schließlich auch noch da
aber nicht immer

Wenn die Gedanken mich schlaflos wirbeln
sei Du mein Haltepunkt Gott
Atem für Atemzug schon wird es Morgen

15. Sonntag nach Trinitatis

Was Gott tut, das ist wohlgetan, BWV 99

Erschütterungen

Am tiefsten Punkt bin ich gesprungen
ins atmende Herz der zerrissenen Welt
die Antwort kam und mit ihr neue Fragen
Was Gott tut das ist wohlgetan

Zurück ins Leben wurd' ich gezogen
durch alle Verzweiflungen hindurch
singt mir das Glück an manchen Tagen
Was Gott tut das ist wohlgetan

Hinter dem Eismeer liegt sicheres Land
auch wenn ich die Türme nur ahne bisher
die Tiefen werden mit durchgetragen
Was Gott tut das ist wohlgetan

15. Sonntag nach Trinitatis

Jauchzet Gott in allen Landen, BWV 51

Zukunftsmusik

Einmal werden wir singen
durch alle Mauern hindurch
einmal werden wir aufrecht gehen
auch wenn uns manches bedrückt

Einmal werden wir fliegen
hoch über schweren Wolken
einmal werden wir schreien vor Glück
trotz aller Narben und Wunden

Die ersten Klänge hören wir schon
jedenfalls an den guten Tagen
die ersten Töne singen wir schon
wenn auch mit leiser Stimme

16. Sonntag nach Trinitatis

Komm, du süße Todesstunde, BWV 161

Heimweh

nach dem großen Ich-weiß-nicht-was
nach dem was mehr ist als alles
nach einer Sonne hinter der Schwärze
komm zieh mich ins Leben über den Tod hinaus
Unbekannter zeig mir Dein fremdes Gesicht
küss mir die Kerben der Schmerzen vom Mund
nimm meine Hand wenn es dunkelt
in meinen zitternden Hoffnungen
die müden Beine gründe neu auf Ewigkeiten
Heilung ergreift mich von Kopf bis Fuß
durch wogendes Nichts
schwimme ich leicht der Frühe entgegen

16. Sonntag nach Trinitatis

Christus, der ist mein Leben, BWV 95

Lockruf

Ins Leben sterben
ins Ewige gleiten
der Körper abgelegt
das Kleid gewechselt
ein Grund zur Freude
Ich weiß nicht

Endlich ausruhen
endlich Abstand
die Stricke los
das Leben gelebt
ein leichter Abschied
Vielleicht

In wiegende Weiten
in brausende Fernen
die Angst verweht
der Tod ein Aufbruch
ein Sog ins Weite
Das wäre schön

16. Sonntag nach Trinitatis

Liebster Gott, wenn werd ich sterben?, BWV 8

Letzte Fragen

Wie rasend die Zeit vergeht
immer schneller je älter
bald ist auch mein Leben verweht
verschwunden im Unsichtbaren

Wie es wohl sein wird
wann es wohl sein wird

Erst war der Tod das Sterben weit weg
ein wüster Gast in fremder Leute Leben
ein Will-ich-nicht-sehen-Bild im Fernsehen
nun rückt er näher reißt erste Lücken
der Friedhof ist gleich um die Ecke

Es heißt danach käme noch etwas
wie es wohl sein wird
größer weiter tiefer als alles
wann es wohl sein wird
etwas Schönes kein Grund zur Angst
heißt es
das will ich hoffen

Du ewiger Liebe Widerschein
bist Du mir Licht an jener Grenze?
Du großes Gott-Geborgensein
schließt Du mich ein in Deinen Frieden?

16. Sonntag nach Trinitatis

Wer weiß, wie nahe mir mein Ende, BWV 27

Langer Abschied

Jetzt kommt nicht mehr viel
schon weht der Abend durch alle Tage
karg stehen die Bäume im Herbstlicht
schöne Welt ich bin gerne hier
schwere Welt bald flieg ich davon
noch fröstelt es mich vor dem Tod er ist groß
Gott ist größer
noch wärme ich mich an heimischen Ufern
von ferne rufen die Winde

17. Sonntag nach Trinitatis

Bringet dem Herrn Ehre seines Namens, BWV 148

Aber wohin

Dem Heiligen ein Raum eine Zeit
ohne Zweck aber wohin zu Dir
und doch mittendrin

Im großen Aufatmen zu mir finden
in Dir mich ausstrecken zur Ruhe kommen
in mir einen Platz schaffen für Dich
etwas mitnehmen für unterwegs das mehr ist
als heiße Luft und leere Worte

Ein Miteinander das wirklich trägt
über den Alltag hinaus
eine Hoffnung die singt und lebt

17. Sonntag nach Trinitatis

Ach, lieben Christen, seid getrost, BWV 114

Frieden machen

Am Morgen schon Schmerzen wo ist Heilung
am Mittag die Wut was soll das alles
am Abend die Trauer ich bin alleine
die Nacht zieht herauf bleckt die spitzen Zähne

Ich dachte das passiert nur anderen
denen mit dem falschen Leben
dem falschen Essen
dem falschen Denken
ich dachte ich wäre unangreifbar
falsch gedacht

Es gibt kein Warum
so ist eben
ich bin nicht schuld
niemand kann endlos leben
krank werden
gesund werden
irgendwann sterben
so ist es eben

Damit kann ich leben
Gott setzt die Grenzen
damit kann ich sterben
Gott löst sie auf

17. Sonntag nach Trinitatis

Wer sich selbst erhöhet, BWV 47

Besonderes

Wer will schon unten sein
nichts Besonderes
statt weltberühmt
nicht mal schöner Schein
wer will schon der Dumme sein
mit dem Niedriglohn
statt überaus wichtig
zum Prahlen zu klein

Doch einer
ging unter
im Schrei allein
doch einer
geht auf
im Morgenschein

Herr Christ, der einge Gottessohn, BWV 96

Rätselhaftes

Von Gott gekommen wie wir alle
aber bei ihm wird es deutlich

Mord und Totschlag in seinem Namen
und war doch ein Mensch aus Liebe

Was er wollte kam unter die Räder
trotzdem ein Leuchtstern für viele

So viele Fragen
so mancher Einwand
so kräftige Flamme

18. Sonntag nach Trinitatis

Gott soll allein mein Herze haben, BWV 169

Schöner als alles

was man bekommen kann für Geld
was man werden kann durch Leistung
schöner sogar als der Himmel voller Geigen
schöner als alles bist Du Gott

Ich schaue in den Himmel und ahne Deine Weite
ich sehe die Berge und spüre Deine Größe
ich höre Dich summen an manchen Tagen
schöner als alles

Aus der Enge heraus
Du bist größer
über die Gier hinaus
Du bist die Fülle

19. Sonntag nach Trinitatis

Ich elender Mensch, wer wird mich erlösen, BWV 48

Schwere Fragen

Wie kann ich aufatmen von aller Erdenschwere?
Wer stützt mich ins Freie?

Immer wieder abgestürzt
das richtige Maß nicht gefunden
aus allem herausgefallen die Beine weggeknickt

Kann ich mit Dir handeln Gott
der Körper krank und dafür die Seele gesund?

Du willst doch beides stärken
schickst frische Lebensgeister
bist Auftrieb für meine müden Füße
Sinn und Ziel hinter den Trümmerbergen

Breite Dich aus Gott in meinem vernarbten Herzen
umblühe meine Begrenzungen auch die harten Schnitte
mit Deiner Liebe tausendschön
mit Deiner Stärke schwerelos

19. Sonntag nach Trinitatis

Wo soll ich fliehen hin, BWV 5

Teufelskreise

Schon wieder zu viel geredet dann wieder
zu wenig und nicht die Wahrheit gesagt
Wieder nur mich gesehen dann wieder
mich ganz aus den Augen verloren
Wieder zu wenig getan dann wieder
zu viel und auch noch das Falsche

Ich muss nicht vollkommen sein
vor Deinem klaren Blick
Hilf mir den Schatten zu sehen
Sprünge zu wagen ins Licht

Ich will den Kreuzstab gerne tragen, BWV 56

Land in Sicht

Aus der Lähmung heraus
gekrabbbelt gekrochen wie auch immer
ein kurzer Blick wenigstens ins Jenseits
aller Schmerzen wo auch immer
die Freude wohnt alle Tränen getrocknet
für immer

Gewiegt werden im sanften Wellengang
auffliegen mit Leichtigkeit von Insel zu Insel
fest eingewurzelt in fruchtbarer Erde

Tag für Tag bis ans Ende meiner Zeit
atme ich weiter auf eine große Stille hin
schmecke die Spuren der Freude

Auch wenn ich es nicht beweisen kann
Süße ist stärker als Bitterkeit
auch wenn ich nicht sagen kann wie und wann
es gibt ein Ewiges hinter der Zeit
auch wenn ich es nicht verstehe
auch wenn ich noch kaum etwas sehe
das zieht mich durch alle Schmerzen ans Licht
ob ich es Gott nennen will oder nicht

20. Sonntag nach Trinitatis

Ach! ich sehe, itzt, da ich zur Hochzeit gehe, BWV 162

Bekleidungen

Im dichten Panzer der Einsamkeit
schlage ich aus die offene Hand
bleibe gefangen im Dickicht des Ich

Im dünnen Kleid für alle Tage
friere ich an den Feuern des Nichts
werde nicht satt trotz allem

Im fließenden Mantel lichtgewoben
bin ich gehüllt in Klang und Stille
nehme vom Ewigbrot

20. Sonntag nach Trinitatis

Schmücke dich, o liebe Seele, BWV 180

Festliches

Du willst uns schmücken Gott
mit Deiner Nähe
Wir werden Dich tanzen
mit offenen Armen
Du steckst uns an Gott
mit Deiner Liebe
Wir wollen Dich feiern
mit Freude

20. Sonntag nach Trinitatis

Ich geh und suche mit Verlangen, BWV 49

Jawort

Ich weiß nicht warum aber Du brauchst mich
ich weiß nicht wie aber Du suchst nach mir
ich weiß nicht wann aber wenn wir uns finden
bin ich umwogt von Strömen der Liebe
bin ich umkleidet mit Morgenschimmer
bin ich umklungen von samtenen Tönen

Da sage ich nicht Nein auch wenn ich Dich kaum kenne
da sage ich Ja auch wenn ich sonst niemandem traue
da nehm ich Deine Hand mit Freude

21. Sonntag nach Trinitatis

Ich glaube, lieber Herr, hilf meinem Unglauben, BWV 109

Aber nicht immer

Woran glauben wem kann ich trauen Gott sag mir wie

Gott hilft
wie denn
Gott ist da
wo denn
Gott antwortet
und wann?

Hinter den schönen Worten
zischt weiter die uralte Angst
die leise Hoffnung ist eingeknickt
vor der stampfenden Schmerzübermacht

Auch wenn ich nichts sehen kann
ich halte die Augen offen
auch wenn ich nichts hören kann
schrei ich hinauf ins Blaue
noch scheinst Du mir keineswegs sicher
aber ich setze alles auf Deine Karte

Vielleicht dass Dein Strömen mich birgt
vielleicht dass die Stille mir antwortet

Darauf baue ich
aber nicht immer
daran zweifele ich
aber nicht immer

21. Sonntag nach Trinitatis

Aus tiefer Not schrei ich zu dir, BWV 38

Kein Wunder

Ich schreie nicht
ich weine nicht
ich bete nicht

Kein Wunder dass ich nichts von Dir höre
abgeschnitten bin von allem
kein Wunder ich habe mich eingesperrt
wo ist der Ausgang?

All die warmen Worte sie lassen mich kalt
Gott ist da irgendwo
aber kann auch nicht zaubern

Die ersten Schritte muss ich selber gehen
zu den Menschen hin auch wenn es schwer fällt
paar Geschichten Musik als Wegzehrung
das muss reichen fürs Erste

Und wenn mir dann leichter wird
und wenn ich zurückfinde ins wellende Leben
kommst Du mir entgegen
Kommst Du mir entgegen?

21. Sonntag nach Trinitatis

Was Gott tut, das ist wohlgetan, BWV 98

Versicherung

Dein Platz wird frei gelassen
in meinem wartenden Herzen wie lange
die Fragen offen gehalten
für Deine Antwort wann gibst Du sie mir
hilf mir Dein Fluten zu fassen
unter den dürstenden Tagen
nach Kühlung suchen
für meine brennenden Narben
niemals Dich fallenlassen
im Schweren der Niederlagen
im Rauschen der Siege
Deine Zartheit in irdenen Händen halten

21. Sonntag nach Trinitatis

Ich habe meine Zuversicht, BWV 188

Auf lange Sicht

wird Gott sich größer zeigen
als die engen Worte
heller als alle Dunkelheiten
wird Gott mich leiten
ohne Zwang
mit allen Zweifeln
kann ich reifen
durch die Brüche hindurch
wird Gott sich in mir verzweigen

22. Sonntag nach Trinitatis

Was soll ich aus dir machen, Ephraim, BWV 89

Doppelbilder

Wer bist Du Gott?
Wie soll ich Dich denken?
Was verbirgt sich hinter den Schattenworten?
Ein Menschenschinder das glaube ich nicht
ein Ängsteausbeuter nicht mit mir

Wärest Du ein Folterer
wer wollte Dir vergeben?
Wärest Du ein Allesversteher
was könnten die Opfer noch hoffen?

Zorn kann heilig sein Wut gesund
das lasse ich mir nicht ausreden
leben heißt schuldig werden
das ist höchstens die halbe Wahrheit

Am Ende wird nur die Liebe bleiben
wie das geht ist nicht meine Sache
ohne Macht und doch stärker als alles
was das heißt weiß ich auch nicht
Gerechtigkeit nicht Vergebung oder Rache

22. Sonntag nach Trinitatis

Mache dich, mein Geist, bereit, BWV 115

In Reichweite

Auf dem Sofa die Beine hoch
rechts das Knabberzeug daneben die Fernbedienung
war es das schon?
Ein bisschen träge ein bisschen feige
ist das nun Tod oder Leben?

Da halte ich lieber die Augen offen
für das Glück auch das unbekannte
da bin ich bereit für den Anruf die Aufgabe
es darf auch anstrengend sein
da leg ich auch mal die Hände in den Schoß
und warte auf das Stille

22. Sonntag nach Trinitatis

Ich armer Mensch, ich Sündenknecht, BWV 55

Küchengespräch

Immer nett gelächelt
um des falschen Friedens willen
dem Mann den Rücken freigehalten
die Kinder hin und her kutschiert
Jetzt stecke ich fest

Ein paar Tränen vor der Spülmaschine
schnell runter geschluckt
eine kleine Wut vor den Wäschebergen
gleich mit gewaschen
Jetzt bin ich leer

Weil es verlockend war
lieber die Frau an seiner Seite
als selbst etwas werden
Weil es fast alle so machen
lieber schöner wohnen
als ständig Streit um die Hausarbeit

Bin ich nicht auch ein Mensch?
Zeig mir meine Stärke Gott
Hast Du nicht Frauen aufgerichtet?
Hilf mir aus meinem Kleinmut

23. Sonntag nach Trinitatis

Nur jedem das Seine, BWV 163

Besitzverhältnisse

Wem die Welt gehört
Wasser Luft und Erde
Hände Hirn und Herz
unentschieden

Wessen Lied wir singen
das des Götzen über Leichen
das der leisen Kraft von unten
unentschieden

Wo ich hingehöre
eng verstrickt ins taube Ich
weit ins Leere aufgespannt
unentschieden
bis Deine Schwingung mich bewegt
bis mein Atem Dich umkreist

23. Sonntag nach Trinitatis

Wohl dem, der sich auf seinen Gott, BWV 139

Und wenn schon

Eine wie ich arm alt verbraucht
eine wie ich lästig ein Kostenfaktor
nicht viel erreicht auf Hilfe angewiesen
und wenn schon ich verstecke mich nicht
Für Gott zähle ich

Hauptsache Wind im Rücken
Gott ist meine Zehrung
im Winter noch Freude pflücken
Gott ist mein Frühlingsgrün

23. Sonntag nach Trinitatis

Falsche Welt, dir trau ich nicht, BWV 52

Enttäuschungen

Das Lächeln aufgemalt die Freundlichkeit zweckgebunden
nachher ist man immer klüger
sich gut verkaufen alles auf Hochglanz
da passe ich nicht rein
sei es drum
die schönen großen Pläne gescheitert
sei es drum
das kurze Glück längst ausgenüchtert
sei es drum

Gott ist da
aber manchmal nur ein Wort
Gott ist nah
aber wo sind Menschen
Gott ist rundum
aber in mir ist es grau

Ich kann nur bitten halte mich
ich kann nur sagen ich brauche Dich

24. Sonntag nach Trinitatis

O Ewigkeit, du Donnerwort, BWV 60

Unentschieden

Schon greift mir die Angst in den Nacken der Tod
rückt näher die Zeit dreht sich schneller der Schreck
fährt spitz in die Eingeweide
  vielleicht
wer wird mich pflegen wer für mich da sein
in den letzten Momenten
  vielleicht eine
mühsam jeder Atemzug Schmerz für Schmerz
einatmen ausatmen das bisschen Leben festhalten
  vielleicht eine Hand
dann das Ende der faulende Leib schnell verbrannt
das Grab anonym
  aber eingeschrieben
das Leben zu Asche
  in Ewigkeiten
ausgelöscht wer ich bin was ich war
  eingesammelt und aufbewahrt

24. Sonntag nach Trinitatis

Ach wie flüchtig, ach wie nichtig, BWV 26

Totentanz

Kindheit und Jugend sie huschen vorüber
Alter und Reife es klopft schon das Ende
Pläne und Ziele verfliegen im Wind

Eben noch war Frische und Anfang
die leuchtende Welt umflossen vom Meer der Zeit
schon ist es vorüber die Farben werden matter
die Zukunft enger ein Tunnel ohne Wiederkehr
da nützt alle Klugheit alle Kraft aller Wille nichts

Börsenpäpste Sklaventreiber alle müssen mit
Frauenhändler Diktatoren der Tod wippt auf Zehenspitzen
freut sich auf fette Beute

Weil alles verschwinden wird das Ewige suchen
tief Luft holen hinabtauchen ins Namenlose
im Takt des Lebens tanzen nicht nach der Pfeife des Todes

Es reißet euch ein schrecklich Ende, BWV 90

Beschneidung

Ihr Kriegstreiber mit den ach so großen Worten
in den Augen das Dollarzeichen
Gott wird euch entwaffnen
Ihr Folterknechte und Massenmörder
mit Lust an der Gewalt und immer eine Ausrede
Gott wird euch schlagen

Oder denkt ihr es reicht schöne Worte zu machen?
Oder glaubt ihr am Ende an billige Gnade?

Nichts da das könnte euch so passen
das alles vergeben wird jede Grausamkeit vergessen
Gott kann auch anders

Vielleicht dass der Schrecken Euch die Augen öffnet
vielleicht dass die Furcht eine Grenze setzt

25. Sonntag nach Trinitatis

Du Friedefürst, Herr Jesu Christ, BWV 116

Frieden schaffen

Du Offener ohne Rüstung gelebt
Du Wirksamer durch die Jahrtausende
Du Kraftspender noch in der Niederlage

Wir sind so weit weg von Dir
Deine blutenden Hände wollen wir nicht sehen
Deine dürstenden Schreie wollen wir nicht hören
wir wollen nicht wissen was Du von uns forderst

Lieber die Seele vertrocknen lassen
lieber verharren in der kleinen feinen Traurigkeit
lieber glauben man kann sowieso nichts machen

Stifte uns an zum Osteraufstand
Gott will Leben für alle
zeig uns wie man das Brot verteilt
Gott will dass alle genug haben
brenne Dich ein in unsere feigen Herzen
unauslöschlich

26. Sonntag nach Trinitatis

Wachet! betet! betet! wachet!, BWV 70

Letzte Ausfahrt

Hört die Signale
aufgewacht!
das Tor zur Ewigkeit
aufgemacht!
alle Welt wird neu
vor Gott gebracht

Hass und Gewalt gehen in Rauch auf
übrig bleibt nur die Liebe
die Macht des Todes wird gebrochen
alle Uhren stehen auf Unendlich

Dein Gnadenblick bis in die Tiefe
sieht auch das Verzerrte und Schiefe
Du rückst es zurecht von Grund auf
zerreißt das Netz unserer Kälte

Du meinst es ernst
darauf baue ich
Du hältst mich sicher
ich lasse los
Du richtest mich auf
mein Leben rundet sich

Ich fürchte mich
ich sehne mich
ich sehe
Dich

27. Sonntag nach Trinitatis

Wachet auf, ruft uns die Stimme, BWV 140

Aufklarung

Das Ende der Sicherheit
kann auch ein Aufbruch sein
der Glaube wird klar und weit
kein kitschrosa Märchenkleid

Dann machen die Zermürbten plötzlich den Mund auf
sie hören die Zeichen als Erste
die auf der Überholspur nehmen den Fuß vom Gas
selbst sie merken etwas
die Spekulanten lassen jede Gewinnerwartung fahren
Leben ist mehr als Geld
dann knirscht das Riesenrad überall Sand im Getriebe
Sehnsucht in allen Farben

Alle sind eingeladen
die es ehrlich meinen
Gott wird in uns aufscheinen
nicht nur vom Hörensagen

Dann werden die Tränen abgewischt
diesmal für immer
Ängste und Schmerzen lösen sich
endlich in Sicherheit
das flatternde Herz schlägt wohlgeborgen
wagt erste Freudensprünge
dann werden die Stummen aufsingen
so klingt das Glück

Weiter als alle Fragen
greift Gottes strömende Antwort
für alle Zeit im Hier und Dort
sind wir von Dir getragen

Mariae Reinigung

Erfreute Zeit im neuen Bunde, BWV 83

Höchstens

Der Schatten wächst
ohne Schrecken
die Fragen kommen
zur Ruhe
Angst flattert hoch das Pochen
löst sich auf
in Dir

Mariae Reinigung

Mit Fried und Freud ich fahr dahin, BWV 125

Dämmerung

Die Zeit fließt Richtung Grenze
ins blaue Schattenlicht
der Schmerz wirft letzte Falten
und glättet sich
Ich blicke fremd zum Himmel
kein Wunderland in Sicht
endlich frischt der Morgen auf
dem glaube ich

Mariae Reinigung

Ich habe genug, BWV 82

Möglichkeitsform

Wenn es wahr wäre
ein sichtbarer Anfang ein Lichtpunkt ein Keim
nach allem Warten worauf denn
nach allem Suchen wonach denn
nach langem Leben erdenmüde
in Gottes wolkige Arme

Wenn es möglich wäre
mitgehen ohne Angst ein letzter Schritt über die Grenze
dahinter die Freude namenlos
dahinter das Samtglänzende
dahinter der Trostfreund Ewigbrot
wenn es doch wirklich würde einfach
die Augen schließen dann
ginge ein Licht auf ins Offene

Wenn es doch wahr wäre
wenn es doch wirklich würde

Mariae Verkündigung

Wie schön leuchtet der Morgenstern, BWV 1

Ferne Sterne

Ich hörte von weitem
Worte die brannten
da sang einer
ganz neue Töne
um Ohren zu öffnen

Ich sah in der Ferne
da zog einer
Kreise die leuchten
um Augen zu öffnen
da springt einer
über den Abgrund hinweg

Herz und Mund und Tat und Leben, BWV 147

Vierstimmig

Die Gefühle
schämen sich nicht ich brauche Dich
lechze nach Deinem Mutwort
warte wippend auf frischen Wind
koste von ersten Erfrischungen

Der Verstand
verleugnet sich nicht ein kühler Kopf
gibt zu bedenken das Irrlicht
weiß es gibt keine Sicherheit
springt über manche Hürde

Die Wörter
verstecken sich nicht finden mich
umkreisen tanzend den Glutkern
zeichnen im Sand Deine flüchtigen Muster
greifen immer zu kurz

Die Hände
scheuen sich nicht es gibt zu tun
ziehen ans Licht die im Dunkeln
streicheln scheu über Furchen
werden müde manchmal

Dann schick mir Dein Hoffnungsbrot Bruder
dann breite die Flügel aus große Schwester

Mariae Heimsuchung

Meine Seele erhebt den Herren, BWV 10

Anfänge

Der stumme Mund fängt an zu sprechen
Du hast mein Schweigen durchschmolzen
Dein Blick drang bis ins Bodenlose
meiner zerstückelten Seele

Die kurze Sicht fliegt auf ins Freie
Du hast mir die Augen geöffnet
Dein Arm der Liebe hält mich sicher
über dem schwindelnden Abgrund

Die schwere Welt fängt an zu tanzen
Du bist der Rhythmus des Lebens
Dein Feuerwind brennt durch die Härte
unserer steinernen Herzen

Du wirst auch den Hunger stillen
endlich
durch uns nach Deinem Willen
endlich

Johannis

Ihr Menschen, rühmet Gottes Liebe, BWV 167

Vorboten

Einer findet die Stimme wieder
sprudelt über vor frischem Glück
jetzt kann die Zukunft beginnen

Eine trägt im Herbst noch Früchte
gegen alle Wahrscheinlichkeit
geht die Sonne auf am Abend

Einer schlägt Schneisen durch das Dickicht
in ihm summen uralte Träume
dass bald einer aufbricht aus kargen Hütten
dass bald viele aufstehen aus Angst und Elend
in gottdurchflutetes Leben

Johannis

Christ unser Herr zum Jordan kam, BWV 7

Gegenstimme

Im Namen des Lebens
Gott atmet in jedem Kind

Im Namen der Liebe
Milch zählt mehr als Wasser

Im Namen der Hoffnung
Gott ist größer als wir glauben

Johannis

Freue dich, erlöste Schar, BWV 30

Tanzschritte

Ein Schritt zurück
nach hinten sehen
mit stockendem Rhythmus
danach wird es leichter

Zur Seite drehen
auf Zehenspitzen
Platz machen
für Wüstenrufe

Vorwärts gehen
in kleinen Schritten
mit weiten Sprüngen
Wohnungen suchen für Gott

Michaelis

Herr Gott, dich loben alle wir, BWV 130

Abdankung

Verbrannt
in Auschwitz
gefallen
von allen Nadelspitzen
klirrende Flügel
im Eis
gebrochen
der stumpfe Glanz der Trompeten

Gott findet andere Wege

Es erhub sich ein Streit, BWV 19

Niederlagen

Das Monster von uns selbst geschaffen
spuckt Feuer Dampf und Gifte
verschlingt die falschen Sicherheiten
schon verglüht aller Hochmut

Jetzt öffnet sich der Abgrund
unserer schlimmsten Ängste
im schmelzenden Kern der Atome
zerreißt das Gewebe des Lebens

Die Engel haben abgedankt
wer schützt jetzt Gottes Erde?
Wer knüpft das Netz der Liebe fester
um die Kräfte der Spaltung?

Verstummt vor ach so klugen Mündern
höchste Zeit zu reden
Getäuscht von ach so bunten Bildern
höchste Zeit zu handeln

Michaelis

Man singet mit Freuden vom Sieg, BWV 149

Meine Engel

Die Freundin die Mut macht
Du kannst das
Der Bruder der anruft
Ich helfe dir
Das Kind das mich fragt
Wollen wir spielen?

Die Kraft die mich trägt
immer weiter
Der Wind der mir singt
Fürchte dich nicht
Das Licht das mir sagt
Ich bin bei dir

Ein feste Burg ist unser Gott, BWV 80

Kirchentag

Was wir glauben umspannt die Welt
ohne sie zu erobern
wir suchen die Zukunft ohne Gewähr
aber mit Blick auf den machtlosen Sieger
seine Liebe schreiben wir auf unsere bunten Fahnen
und scheitern doch immer wieder

Trotz allem will Gott in uns auferstehn

Was wir hoffen hast Du ins uns eingepflanzt
durch Dein Leben und Sterben
wir gießen das Pflänzchen an guten Tagen
springt Dein Funke über zu uns
alles scheint dann ganz einfach und klar
schon tappen wir wieder im Alltagsdunst

Gott schein uns doch auch in den Sorgennebel

Was wir vertreten passt längst nicht allen
unserer Gier eine Grenze
die Erde schützen kein Mensch wird zur Ware
das Lebenswort nicht nur sagen auch tun
auch wenn es ein kurviger Weg ist
bis wir in Deinen Weiten ruhn

Reformationsfest

Gott der Herr ist Sonn und Schild, BWV 79

Glaubensfragen

Wie soll es weiter gehen?
Jedenfalls nicht auf der Hauptstraße
Was macht uns mutig?
Jedenfalls nicht das Leisetreten
Wer weiß den richtigen Weg?
Jedenfalls nicht die Unfehlbaren

Und wenn auch die Zukunft dunkel schweigt
wir hören manchmal ein Flüstern
Und wenn auch die Arme kurz sind
sie greifen doch nicht ins Leere

Höchsterwünschtes Freudenfest, BWV 194

Gottes Haus

entstanden aus Steinen und Licht
die Steine atmen Dich bergen mich
das Lichte spiegelt Dein Gesicht
das Feuer versengt uns nicht
Wärme aber kein billiger Trost
Wahrheit aber nicht nach dem Munde

Du bist nicht gefangen in unserer Hand
kein Zugtier vor unsere Karren gespannt
Dein Haus ist gebaut auf wirbelnden Sand
Dein Name wird überall anders genannt
gießt sich in Duft und Klang
lässt sich schmecken sogar in Kirchen

Lass es auch hier geschehen
dass wir lichtersatt durch die Woche gehen
segensreich Deine Liebe säen

Ratswechsel

Gott ist mein König, BWV 71

Bildwechsel

Throne stürzen
Völker befreien sich
Frauen reden mit
Es wechseln die Zeiten

Die Sprache grau
die Bilder schief
vor leeren Bänken
Kein König nirgends

Zögerndes Graben
nach frischem Wasser
aus tiefem Brunnen
ins Wort gewagt

Dein klingendes Schweigen
Dein ruhendes Kreisen
die silbernen Fäden zwischen uns

Ratswechsel

Preise, Jerusalem, den Herrn, BWV 119

Stadtansicht

Eine Stadt mit Stolz und Masken
eine Stadt am Strom mit Dom
eine Stadt in vielen Zungen

Die da unten auf der anderen Seite
da wo es laut ist arm und dreckig
die da oben gut versteckt
in ihrer Villa mit Rheinblick
die in der Mitte halten durch
aber mit ängstlichem Herzen
jeder für sich
bloß nicht abstürzen

Komm küss uns Mut zu
Gott der Gerechtigkeit
komm lach uns Glück zu
Gott der Freude

Gott, man lobet dich in der Stille, BWV 120

Atempause

Wir suchen den Ort wo wir Ruhe finden
inmitten aller Betriebsamkeit

Wir fragen nach der Stadt der Zukunft
jenseits der dröhnenden Phrasen

Wir lechzen nach Wärme und Freundlichkeit
hinter den glatten Fassaden

Wir bitten Dich Gott zieh bei uns ein
als Sand im Getriebe der Atemlosen
als Tauwetter in unsere Kälte

Wir danken dir, Gott, wir danken dir, BWV 29

Gute Zeiten

Wir leben im Frieden
Gott zur Freude
Wir leben im Wohlstand
von Häusern umborgen
Wir leben im Weiten
die Welt ist offen
durch Ebbe und Flut hin- und hergewogt
saugen wir ein den Duft der Freiheit

Wir gehen weiter
mit Wind im Rücken
Wir sorgen uns
nicht nur um uns selbst
Wir sind verwachsen
mit diesen Mauern
in Gottes Erde hineingewoben
bauen wir an der menschlichen Stadt

Dank sei den Lüften
die uns beflügeln
Dank sei der Stimme
die Wege zeigt

Lobe den Herrn, meine Seele, BWV 69

Dissonanzen

Wir haben zu essen im Überfluss
aber manche wühlen im Müll

Wer riecht das Faule?

Überall wuchern die Glaspaläste
aber für Kinder ist kein Platz

Wer sieht die Risse?

Die einen rennen von morgens bis abends
und trotzdem reicht der Lohn nicht zum Leben

Wer spürt die Wut?

Die anderen führen in die Pleite
und sind reicher als zuvor

Wer hört den Missklang?
Alle die es wollen
Wer löst ihn auf?
Die Steine kommen ins Rollen

Der Herr denket an uns, BWV 196

Hochzeitswünsche

Für Kristina Mühlenhoff und Henning Schuncka

Für den Zauber des Anfangs
Gottes Lächeln

Aus schmelzender Liebe
strampelndes Leben

Für die Mühen der Ebene
langen Atem

Aus reifen Früchten
ein Duft von Heiterkeit

Gott ist unsre Zuversicht, BWV 197

Paarweise

Zusammen durch Licht und Schatten gehen
wir trauen uns auch lange Wege
Gott will uns frei und verbunden

Zusammen lachen und zärtlich sein
wir haben Lust aufeinander
Gott ist die Liebe zwischen uns

Zusammen ein gutes Leben bauen
wir sorgen treu füreinander
und sind es geteilte Schmerzen
macht Gott daraus halbes Leid
und sind es geteilte Freuden
macht Gott daraus doppeltes Glück

Dem Gerechten muss das Licht, BWV 195

Versprochen

Der Liebe wollen wir Nahrung geben
auch an den dürren Tagen
wir wollen uns ansehen mit Freundlichkeit
auch die Ecken und Kanten

Wir teilen die Arbeit
drinnen und draußen
wir halten einander
fest lassen los je nachdem

Gott streut uns Licht in die Augen
wir wollen die Flamme schüren
Gott lässt uns kosten vom süßen Glück
wir wollen es schmecken mit Freude

Gottes Zeit ist die allerbeste Zeit (Actus tragicus), BWV 106

Herbstfarben

Die Tage werden jetzt blasser
ein mattes Glänzen unter fahlem Licht
schon welken die Früchte meines Lebens
fallen ins Laub der späten Jahre
auch ich werde sterben unentrinnbar
ein runzliger Fraß für die Würmer
untergepflügt was ich war es bleibt
die verrückte Hoffnung auf etwas
Ewiges hinter dem Nebelgrauen
auf ein Wehen von Frühlingslüften
um den Winter meines Todes

Ich lasse dich nicht, du segnest mich denn, BWV 157

Haltbares

Ich halte mich fest am Unsichtbaren
lausche dem stillen großen Lied

Ich greife nach dem Unfassbaren
sauge ein Gottes langen Atem

Ich lasse nicht los was mich weiter trägt
Fäden gewoben um Himmel und Erde
ein duftendes Stück vom Ewigbrot

Aus der Tiefen rufe ich, Herr, zu dir, BWV 131

Verstrickungen

Ich bin am Ende und greife ins Leere
ich bin am Boden und schreie
Sag Du mir wohin
Wie finde ich raus aus den leeren Tagen
verzettelt im Seichten überall nirgends
Richte mich aus
Ich strecke mich nach Deiner fernen Nähe
ich suche nach meiner inneren Stimme
Sag mir Dein Wort
Du bindest mich los von der Macht der Gewohnheit
Du taust warme Tropfen vom Eis meiner Jahre
Brennende
in Dir ist Neubeginn

Nach dir, Herr, verlanget mich, BWV 150

Gegenkräfte

Im Dickicht der Schmerzen
rufe ich Dich
Das saugende Nichts
wird kleiner durch Dich
Die bellende Angst
bringst Du zur Ruhe

Halt mich sicher wenn der Sturm kommt
Hilf mir weiter auch gegen den Wind

Nun danket alle Gott, BWV192

Dreivierteltakt

Wir danken Dir Gott der zerrissenen Herzen
die Frieden finden von Dir umborgen
die Auftrieb bekommen mit neuem Schwung
Schritte wagen hinaus in den Morgen

Wir loben Dich Gott der verschlossenen Münder
die Worte schöpfen aus Deinem Brunnen
die reden lernen mit mutiger Zunge
Wegweiser werden für alle Stummen

Wir brauchen Dich Gott der geschundenen Hände
die ruhen dürfen an Deiner Quelle
die Balsam finden für ihre Narben
Hoffnung dringt vor bis an jede Stelle

Sei Lob und Ehr dem höchsten Gut, BWV 117

Ehrenerklärung

Gott ist kein ferner Nebel
mit dem man nicht reden kann
doch auch nicht einfach ein Hebel
und schon fängt das Neue an
Gott vermehrt nicht Gold noch Geld
und leuchtet doch durch die schwere Welt
Gebt diesem Glanz die Ehre

Gott hält die kreisende Erde
sicher im endlosen Raum
dass überall Frieden werde
ist in uns gepflanzt als Traum
Gott gibt nicht auf trotz Hunger und Krieg
sät schon im Winter den Frühlingssieg
Gebt dieser Kraft die Ehre

Gott schreit zum leeren Himmel
mit allen die niemand hört
für die im Weltengetümmel
sich keine Zeitung empört
Gott will dass wir zur Antwort werden
für alle ein gutes Leben auf Erden
Gebt diesem Ruf die Ehre

In allen meinen Taten, BWV 97

Reiselied

Auf Haupt- und Nebenwegen
such ich den lichten Segen
der mich durchs Dunkle führt
will mich ins Fremde trauen
nach Himmelsspuren schauen
vom Unsichtbaren hell berührt

Durch meine Müdigkeiten
wird mich die Kraft begleiten
die alles Leben trägt
auch im Gestrüpp der Steine
lässt sie mich nicht alleine
ist Antrieb der mich tief bewegt

Und geht es dann zu Ende
leg ich in Wolkenhände
das ganze Erdgewirr
die Rost- und Silberfäden
mein dunkelhelles Leben
und alles Schwere fliegt von mir

Was Gott tut, das ist wohlgetan, BWV 100

Haltetöne

Das große Du
hält an mir fest
auch im tiefsten Schatten
ein Sonnenrest
spricht mir Lichtes zu

Das große Du
hört meinen Schrei
auch in der grausten Ödnis
ist Gott dabei
spricht mir Zehrung zu

Das große Du
lässt mich nicht los
auch in Wut und Zweifel
egal wie groß
sprech ich ihm Leben zu

Ausblick

Immer häufiger lassen sich fantasiereiche Kirchenmusiker(innen), Ensembles und Konzertveranstalter spannende, innovative Programme einfallen, in denen Alte und Neue Musik kombiniert werden. Die Vorteile liegen auf der Hand. In der Gegenüberstellung von Alter und Neuer Musik profitieren beide: Durch Traditionsbezüge oder gar konkrete Beziehungen zu bestimmten Werken der Vergangenheit erschließen sich neue Werke für die Hörer leichter als dies bei üblichen Uraufführungskonzerten oft der Fall ist. Umgekehrt erfährt Alte Musik in der Begegnung mit Zeitgenössischem eine Aktualität, die sie viel unmittelbarer wirken lässt, eben nicht nur als historisches Dokument einer vergangenen Epoche, sondern als lebendige Musikkultur, die uns etwas angeht.

Nicht immer ist es jedoch einfach, die für eine inhaltlich und musikalisch überzeugende Gegenüberstellung passenden älteren und neueren Werke zu finden, die möglichst auch noch hinsichtlich ihrer instrumentalen und vokalen Besetzung weitgehend übereinstimmen, ein probentechnisch und finanziell nicht unerheblicher Gesichtspunkt.

Diese Überlegungen und die sehr frühzeitige Kenntnisnahme von Carola Moosbachs wunderbarem, wenn auch gewagtem Plan, zu sämtlichen Kirchenkantaten Bachs je einen poetischen Kommentar zu schreiben, brachten mich auf die Idee eines groß angelegten Projekts, zu dem alle interessierten Komponistinnen und Komponisten eingeladen sind: Möglichst viele der poetischen Kommentare sollten nach und nach von verschiedenen Komponisten vertont werden. Völlig offen ist dabei, ob auch ein konkreter musikalischer Bezug zur der dem poetischen Kommentar zugeordneten Bach-Kantate intendiert oder gar erlebbar wird.

Um Kosten für zusätzliche Musiker zu vermeiden, sollte die Besetzung der jeweiligen Bach-Kantate oder ein Ausschnitt daraus verwendet werden. Denn Aufführungen werden in der Regel zusammen mit der zugeordneten Kantate J. S. Bachs erfolgen, wobei offen ist, ob die neuen Kantatensätze vor oder nach der Bach-Kantate oder mittendrin erklingen. Denkbar wäre jedoch die Verwendung alternativer Instrumente, z. B. einer Piccoloflöte, wenn dieses Instrument von dem Musiker gespielt wird, der bei Bach Querflöte bläst. Der Schwierigkeitsgrad sollte insbesondere hinsichtlich des Chorparts (sofern vorhanden) höchstens geringfügig über dem der Bach-Kantate liegen. Die Aufführungsdauer einer Vertonung sollte im Hinblick auf die Kürze und verdichtete Aussage der poetischen Kommentare 10 Minuten nicht überschreiten. Sofern die jeweilige Vertonung auch für eine Aufführung mit alten Instrumenten in Frage kommt, kann darauf explizit hingewiesen werden.

Auf meiner Website www.drude.info veröffentliche ich unter „Aktuelles" eine Tabelle, aus der zu ersehen ist, welche poetischen Kommentare (mit Nennung der zugeordneten Bach-Kantate und des Anlasses – z. B. Sonntag im Kirchenjahr) schon „vergeben" sind. Interessierte Komponisten können sich dann per E-Mail oder Post mit mir in Verbindung setzen und sich für die Vertonung eines oder mehrerer poetischen Kommentare bewerben. Der Bewerbung beizufügen ist eine Demo-CD mit mindestens einer eigenen Komposition (wird nicht zurückgeschickt) oder ein Link zu einem Hörbeispiel eigener Musik im Internet. Nach Möglichkeit sollte bereits eine Uraufführung in Aussicht stehen, für die die Komposition geschaffen wird. Ob der Strube Verlag, München, die Notenausgabe veröffentlicht, kann mit ihm im Einzelfall verhandelt werden. Der Verlag vergibt kostenfrei die Vertonungsrechte, wenn die Autorin Carola Moosbach und ich als Projektleiter zustimmen.

Ich bin Carola Moosbach sehr dankbar, dass sie sofort von meiner Idee eines Kompositionsprojekts angetan war und dieses uneingeschränkt unterstützt, mit der verständlichen Bitte, dass sich die Komponisten der Komplexität der Aufgabe bewusst sein und sie sensibel – mit einem wachen Gespür für ihre Poesie und für die Musik Bachs – umsetzen mögen („bitte keine seichte Musik und keine Popmusik"). Ebenso danke ich dem Strube Verlag für seine Bereitschaft, Carola Moosbachs „Bereitet die Wege" in Buchform zu veröffentlichen und auch einige der neu entstehenden Kompositionen in seinen Verlag zu nehmen. Ob das Projekt ein Erfolg wird, hängt von vielen Menschen ab, die sich dafür engagieren können: Komponisten, Kirchenmusiker, Kantoreien, Kirchenvorstände, Dirigenten, Solisten, Chöre, Orchester, Konzertveranstalter, Kulturförderer, Journalisten, Rundfunkredakteure, Tonträgerhersteller. Ihnen allen möchte ich das Projekt ans Herz legen. Es bietet die Chance für einen Weg zeitgenössischer Kirchenmusik, die weder gesichtslos und uninteressant (wie manche gottesdienstliche Gebrauchsmusik) noch hermetisch ist („Avantgarde"), noch sich anbiedert (Sakro-Pop im „Happy-Sound"). Allen, die an diesem Weg mitarbeiten möchten, sei dafür schon jetzt herzlich gedankt.

Dresden, im April 2012 — Matthias Drude

E. Alphabetisches Register der kommentierten Kantaten

F. Register der kommentierten Kantaten nach dem BWV

Die Texte der Bach-Kantaten finden Sie:

Im Beiheft Ihrer CD-Aufnahme

Im Internet unter der Adresse www.bach-cantatas.com

Als Taschenbuch unter dem Titel Bach Texte, Breitkopf & Härtel, Wiesbaden u.a. 1998